Kunst der Erziehung,

Kunst des Lebens

Rudolf Steiner

KUNST DER ERZIEHUNG, KUNST DES LEBENS

Ein Grundkurs in Erziehungswissenschaft

Diesen Vorträgen liegt die Ausgabe der «Sektion für das Geistesstreben der Jugend am Goetheanum» von 1925 zugrunde. Zudem wurden alle anderen bisher erfolgten Veröffentlichungen, auch GA 217, herangezogen.

Zweite Auflage 2009
(3. bis 4. Tausend)

Herausgeber und Redakteur machen in Bezug auf die hier gedruckten Texte Rudolf Steiners keine Rechte geltend.

Herausgeber: Archiati Verlag e. K., Bad Liebenzell
Redaktion: Pietro Archiati, Bad Liebenzell
Korrektorat: Eva Koglin, Ganderkesee
Umschlag: Monika Grimm, Bad Liebenzell
Foto: Rietmann, © Verlag am Goetheanum
Druck: Memminger MedienCentrum, Memmingen

ISBN-13: 978-3-86772-008-3

Archiati Verlag
Burghaldenweg 37 · D-75378 Bad Liebenzell
Telefon: (07052) 935284 · Telefax: (07052) 934809
anfrage@archiati-verlag.de · www.archiati-verlag.de

Inhaltsverzeichnis

5

Vorwort

Diese Vorträge Rudolf Steiners zeichnen sich durch einen mutigen, unerschrockenen *Idealismus* aus, der heute vielen befremdend erscheinen mag. Die Nüchternheit des herrschenden Realismus hat sich daran gewöhnt, allen Idealismus nicht nur als utopisch abzustempeln, sondern auch regelrecht zu belächeln oder einzuschüchtern. Und doch bleibt Rudolf Steiner dabei: Der innere, täglich erneuerte Idealismus ist bei jedem Erzieher das Allerwichtigste, ist dasjenige, was am meisten beim Kind oder Schüler bewirkt. Ein idealistisch gesinnter Lehrer wirkt nach allen Seiten belebend auf das Kind; ein nüchterner, nicht idealistischer Lehrer wirkt ertötend auf die Seele des Kindes. Die Zukunft der Erziehung, das heißt die Zukunft der Menschheit schlechthin, hängt ganz und gar von der Zahl der Eltern und Lehrer ab, die genügend Idealismus in sich tragen.

Den erzieherischen Idealismus, von dem in diesen Vorträgen die Rede ist, kann nur *das Individuum* in sich erzeugen. Nur der einzelne Mensch kann in sich täglich eine idealistische Gesinnung aufrechterhalten und in der Begegnung mit dem Kind immer weiter vertiefen. Die Schule als Institution kann nicht die Aufgabe übernehmen, den Idealismus des Einzelnen zu erzeugen, sie kann ihn nur ermöglichen. Ein Lehrerkollegium kann jeden Lehrer unentwegt dazu ermutigen, was den Lehreridealimus angeht, keine Abstriche zu machen, keine Kompromisse zu schließen. Es kann seine Hauptaufgabe darin sehen, alle Tätigkeiten der Schule so zu gestalten, dass der Idealismus des einzelnen Lehrers real möglich ist und bleibt. Wenn dies nicht getan wird, neigt jede Institution von selbst dazu, durch Zunehmen der Sachzwänge die Entfaltung jedes Idealismus unmöglich zu machen. Was ist der Inhalt des Idealismus des Erziehers? Die folgenden Vorträge geben hierzu wesentliche Hinweise. Der Lehrer kann zum Beispiel in der Meditation jeden Tag den Gedanken in sich lebendig machen: «Du Kind, du mein Schüler, bist nicht weniger als ich ein ewiger Geist, kein bisschen jünger oder älter. Wir haben eine lange gemeinsame Vergangenheit hinter uns. Du bringst aus der geistigen Welt alles mit in dein Leben, du trägst alles in dir, was du für die Erfüllung einer wunderbaren, ganz individuellen Lebensaufgabe brauchst. Was du von mir erwartest, wirst du mir von Tag zu Tag verraten können, wenn ich aufmerksam genug bin, um auf deine Sprache zu hören. Du hast mich noch vor deiner Geburt als deinen Lehrer ausgewählt, du hast mich nach der Geburt zielsicher aufgesucht. Ich kann dein Lehrer nur sein, weil *du mein Lehrer* bist, indem du mir jeden Tag beibringst, was deine Entwicklung fördert und was gut für dich ist.»

Neben dem Idealismus ist ein zweiter Schwerpunkt dieser Vorträge *die Kunst:* Rudolf Steiner wird niemals müde, von allen möglichen Seiten anschaulich zu schildern, wie die Erziehung eine echte *Kunst* werden kann. Nicht was ein Lehrer weiß, wirkt erzieherisch, sondern allein das, was er künstlerisch kann. Das Kind hat zu einem «wissenden» Erwachsenen keine Beziehung, zu einem Künstler aber die tiefste, weil es selbst zum Lebenskünstler werden möchte.

Der Lehrer weiß wohl, wie die toten Buchstaben des Alphabets aussehen, aber das Kind hat kein Interesse daran. Es möchte die künstlerische Tätigkeit nachvollziehen, durch die die Buchstaben sich im Laufe einer langen Zeit von der Bilderschrift ausgehend lebendig entwickelt haben. Der Lehrer mag wissen, welche Farben es gibt, aber das Kind möchte erleben, wie die Farben in ein künstlerisches Gespräch miteinander kommen, was sie dem Menschen alles zu erzählen haben. Selbst in Bezug auf seine *Philosophie der Freiheit,* für viele ein nüchternes «philosophisches» Buch, weist Steiner nachdrücklich darauf hin, dass es durch und durch ein künstlerisches Werk ist, ein Übungsbuch für die Kunst aller Künste, für die Denkkunst.

Was ist das Wesentliche der Kunst, was wird in jeder künstlerischen Tätigkeit erlebt? Was erlebt das Kind neben dem Erzieher als Künstler? Ich möchte auf drei Hauptzüge jeder künstlerischen Tätigkeit kurz hinweisen:

1. Alle künstlerische Tätigkeit ist *in Entwicklung begriffen.* Kunst ist immer lebendig, immer in Bewegung, nach allen Seiten offen, niemals abgeschlossen oder starr. Diese Art der Beweglichkeit erschreckt heute viele, weil sie darin sofort die Gefahr des Chaos sehen. Um diese Angst vor dem Lebendigen zu überwinden, muss man bewusst und frei jeden Tag immer neu den *Mut zur Kunst* in sich lebendig machen.

2. Kunst ist immer *individuell.* Jede künstlerische Tätigkeit bekommt durch jeden einzelnen Menschen eine einzigartige Prägung. Das Kind möchte vor allem anderen das einzigartige Individuum zum Ausdruck bringen, das in ihm

9

schlummert. Die Anfeuerung dazu kann es nur durch den künstlerisch schaffenden Lehrer bekommen.

3. In allem Kunstschaffen ist der Mensch *tätig, schöpferisch*. Die materialistische Kultur hat den Menschen dem Leben gegenüber immer passiver gemacht. Vor dem Fernseher ist er ein reiner Zuschauer, in der Wirtschaft ein Spielball der Sachzwänge, in der Religion ein reiner Gläubiger, in der Wissenschaft ein Einschüchterungsobjekt der Fachleute. Weil bei der Erziehung der Lehrer nicht einem Erwachsenen, sondern zu seinem Glück einem «Kind» gegenübersteht, hat er da am allermeisten Gelegenheit, sich von keiner Autorität einschüchtern zu lassen, die Erziehung als sein ureigenstes Kunstwerk zu erleben und zu gestalten.

Rudolf Steiner bleibt in diesen Vorträgen nicht bei allgemeinen Äußerungen über Idealismus, Individualismus oder Kunst stehen, sondern wartet auf mit konkreten «Wahrheiten», die in der heutigen Welt nicht nur verblüffend, sondern höchst provokativ wirken können. Es sind Wahrheiten, die unmittelbar aus der geistigen Welt geholt sind, die unentbehrlich zum Rüstzeug einer Erziehung mit Zukunft gehören. Von diesen verblüffenden Wahrheiten seien hier drei angedeutet:

1. Die erste Wahrheit besagt, dass der Mensch, jeder Mensch, bis zu seinem 18., 19. Lebensjahr «nichts wissen kann». Selbstverständlich wird eine solche Wahrheit viele aufgeklärte Leser maßlos ärgern – das darf sie auch. Gemeint ist damit nicht, dass der Mensch bis dahin kein Wissen im herkömmlichen Sinne erlangen kann, son-

dern dass er noch nicht die Verstandeskräfte hat, um etwas aufgrund ureigenster, selbstständiger Begründung zu verstehen. So gesehen ist der Inhalt dieser «Wahrheit» geisteswissenschaftlich genau und jeder Versuch, sie durch Abschwächung appetitlich zu machen, wäre Unsinn. Man kann anderer Meinung sein als Steiner, man kann denken, dass er sich hier gründlich irrt, aber es hat keinen Sinn, *seine* Meinung an die heute herrschende öffentliche Meinung «anpassen» zu wollen.

2. Eine zweite Wahrheit wird besonders im vierten Vortrag erläutert. In den Jahrtausenden der Geschichte standen die Menschen niemals als Ich dem Ich gegenüber. Das Ich war immer wie von seelischen oder kulturellen Hüllen «verhüllt», die die Brutalität des Aufeinanderprallens von zwei Individualitäten gar nicht ermöglichten. Reste dieser verhüllten Begegnung sind heute noch dann vorhanden, wenn der Mensch im anderen nicht ein einzigartiges Individuum erlebt, sondern immer nur den «Arzt», den «Professor», den «Handwerker», den «Ausländer», den «Mann» oder die «Frau», den «Lehrer» oder den «Schüler». Die «hüllenlose Begegnung» zwischen Ich und Ich erzeugt in unserer Zeit im Menschen eine tiefe Angst, die meist unbewusst bleibt. Der Grund dieser Angst liegt darin, dass dem ganz individuellen Ich gegenüber nur die bedingungslose gegenseitige Toleranz gilt, und diese ist alles andere als leicht zu erringen.

3. Eine dritte Wahrheit über Erziehung ist vielleicht die verblüffendste: Menschen werden erst dann wieder zu guten Erziehern werden können, wenn sie sich schämen,

11

über Erziehung zu reden! Das viele Reden oder Diskutieren über etwas ist immer ein Zeichen dafür, dass man von der Sache wenig versteht. Ein gutes Beispiel ist die soziale Frage: Vor einem oder zwei Jahrtausenden gab es die sogenannte soziale Frage aus dem Grund nicht, weil die Menschen sich instinktiv sozial verhalten haben, weil sie viel sozialer waren als heute. Heute diskutiert man viel über das Soziale, gerade weil bei zunehmendem Egoismus die Menschen immer unsozialer geworden sind. Nicht anders ist es in der Erziehung: Je weniger der Lehrer aus einer künstlerischen Erfindungsgabe weiß, was er mit dem Kind anfangen soll, desto mehr braucht er eine «Pädagogik» als eine Art Gebrauchsanweisung, die ihm allgemeine Normen liefert. Er hat es immer mehr nötig, über das zu reden, was er immer weniger kann.

Die Gedanken Steiners finden ihren Höhepunkt im letzten Vortrag. Sollte der Leser bis dahin mit einem kleinen Schreck davongekommen sein, muss er sich nun auf einen großen gefasst machen. Der nicht nur theoretische, sondern vor allem praktische Materialismus der heutigen Kultur wird als ein großes Mysterium der Entwicklung hingestellt. Er fordert vom Individuum eine höchste Steigerung der moralischen Ernsthaftigkeit. Rudolf Steiner greift diesbezüglich zum alten Bild des Drachen, der den Menschen «verschlingt». Der Materialismus wirkt, vor allem durch die moderne Naturwissenschaft und Technik, als Drache, der den Menschen ganz und gar verschlingt, denn diese Wissenschaft kennt den Menschen nicht einmal, sondern nur das Tier im Menschen. Und die Technik macht mit ihren immer vollkommeneren Maschinen den Menschen zunehmend entbehrlich. Den menschlichen Geist, das Bewusstsein oder die Seele betrachten die meisten Wissenschaftler nach wie vor als bloße Wirkung, als Ausdünstung der biologisch-neurologischen Beschaffenheit des Menschen. Auf diese Weise wird alles Geistige des Menschen von seiner Biologie regelrecht «verschlungen». Jeder, der nicht mit diesem mächtig und intolerant auftretenden Dogma mitgehen will, wird als stümperhafter Dilettant abgekanzelt. Mit dem Bild des Drachen geht das Bild des Michael einher. Das muss einen weder frömmelnd noch peinlich anmuten, es ist mit aller geisteswissenschaftlichen Nüchternheit und Sachlichkeit gemeint. Jeder Mensch, der sich bemüht, den Materialismus in seinem Leben zu überwinden, wird zum Bundesgenossen Michaels, dieses geistigen Wesens, das es sich zur Aufgabe gemacht hat, die moderne Naturwissenschaft durch eine nicht weniger gediegene Wissenschaft des Geistigen zu ergänzen.

Ein Kind, das das Glück haben sollte, täglich Eltern und Lehrer zu erleben, wie sie in diesen Vorträgen geschildert werden, würde jeden Tag in seinem innersten Wesen jubeln können und ausrufen: «Jung sein mag gut und schön sein. Aber alt werden ist noch viel besser, viel schöner, wenn ich beim Älterwerden so sein darf wie meine Eltern, wie meine Lehrer! Mit ihnen lerne ich, wie man ein ganzes Leben lernen kann. Denn ich will nicht bloß lernen, ich will *lernen lernen,* um mein ganzes Leben ein Lernender zu bleiben.»

Pietro Archiati
im Herbst 2006

Zum Einstieg:

Die folgenden fünf Vorträge sind die letzten in einer Reihe von 13. Mehr als die vorangegangenen konzentrieren sie sich auf Erziehungsfragen. Die Vorträge 1 bis 8 findet der Leser in: *Kunst der Erziehung, Kunst des Lebens – Begleitband* (in Vorbereitung).

Rudolf Steiner spricht in diesen Vorträgen zu jungen Menschen. Es werden keine besonderen geisteswissenschaftlichen Kenntnisse vorausgesetzt und Fachausdrücke möglichst vermieden. Gleich am Anfang des hier Gedruckten ist die Rede von zwei Grundkräften der Seele, von der *Gemüts- oder Verstandesseele* und der *Bewusstseinsseele*. Kurz zur Erläuterung:

- Mit der *Gemüts- oder Verstandesseele* erlebt der Mensch die Welt im Gemüt und erkennt sie durch den Verstand, sodass er weitgehend in der Welt eingebunden bleibt.
- In der *Bewusstseinsseele* steht das Ich in voller Selbstständigkeit der Welt gegenüber und kann in seiner Freiheit moralische Verantwortung für Ich- und Weltentwicklung übernehmen.

Erziehung zum Künstler

Stuttgart, 11. Oktober 1922

Meine lieben Freunde!

Aus den Andeutungen, die ich gestern über den Wandel der menschlichen Seele im Verlauf der geschichtlichen Entwicklung gemacht habe, werden Sie doch ersehen können, dass in der Gegenwart der Mensch dem Menschen anders gegenübersteht, als das der Fall war, sagen wir, noch bei den Menschen, die vor dem gestern besprochenen Jahr 333 lebten.

Sie kennen ja, wie ich annehmen darf, die Gliederung der ganzen menschlichen Wesenheit, die durch geisteswissenschaftliche° Erkenntnis gewonnen werden kann. Sie wissen, dass in der menschlichen Seele unterschieden werden muss zwischen demjenigen, das ganz besonders regsam und tätig war in der Menschennatur bis zum 15. Jahrhundert, der sogenannten Verstandes- oder Gemütsseele, und der Bewusstseinsseele, die seit jener Zeit in denjenigen Menschen vorzugsweise regsam ist, die sich bis zu dem hinaufentwickeln, was an Kulturerrungenschaften die Menschheit eben erworben hat.

Und gewisse Lebensfragen müssen heute einfach in einer neuen Weise angeschaut werden, sonst wird die Verbindungsbrücke ... zwischen Mensch und Mensch nicht gefunden werden können.

15

Wenn ich eine gewisse Betätigung der menschlichen Seele als die der Verstandes- oder Gemütsseele bezeichne, so kommt das nicht daher, weil etwa darauf hingewiesen werden soll, dass der Verstand als solcher, so wie wir ihn heute auffassen, gerade ein besonders Charakteristisches der Verstandes- oder Gemütsseele sei. Wir müssen diese Verstandes- oder Gemütsseele insbesondere bei den Griechen ausgebildet sehen, und da ist der Verstand durchaus nicht dasjenige, was heute das Intellektualistische ist. Aber wie das ist, werden Sie gerade den gestrigen Darstellungen entnehmen können.

Bei den Griechen war es durchaus so, dass ihre Begriffe, ihre Ideen etwas Geistgegebenes waren. Dadurch aber hatte der Verstand nicht jenes Kalte, Tote, Trockene, das er heute für uns hat, wo er eben ein Selbsterarbeitetes ist. Das Intellektualistische ist vielmehr etwas, was erst mit der besonderen Entwicklung der Bewusstseinsseele heraufgekommen ist. Sie können sich den Begriff der Verstandes- oder Gemütsseele nur richtig aneignen, wenn Sie sich ganz in das Gemüt eines Griechen hineinversetzen. Dann werden Sie schon den Unterschied zwischen jenem Verhältnis zur Welt finden, das der Grieche hatte, und unserem heutigen Verhältnis zur Welt. Aber einiges von dem, was da in Betracht kommt, soll uns gerade durch die heutige Darstellung etwas anschaulicher werden.

Ich wollte diese einleitenden Worte nur sagen, damit wir uns darüber verständigen können, dass in den Jahrhunderten, die der neueren Zeit vorangegangen sind, also in den Jahrhunderten, die bis zum 15. Jahrhundert hin liegen,

Mensch und Mensch sich so begegneten, dass der eine zu dem anderen aus der Gemüts- oder Verstandesseele heraus sprach, wie er auch dasjenige, was ihm der andere gab, als aus der Gemüts- oder Verstandesseele heraus gegeben nahm.

Heute stehen wir der Bewusstseinsseele gegenüber. Aber so recht fühlbar ist es dem heranwachsenden Menschen erst geworden, dass das so ist, um die Wende des 19. zum 20. Jahrhundert. Durch all die Verhältnisse ist das so geworden, die ich ja schon geschildert habe. Dadurch aber sind die Lebensfragen eigentlich durchaus in einer neuen Weise unter die Menschen getreten.

Und gewisse Lebensfragen müssen heute einfach in einer neuen Weise angeschaut werden, sonst wird die Verbindungsbrücke zwischen Bewusstseinsseele und Bewusstseinsseele, das heißt aber überhaupt für den heutigen Menschen zwischen Mensch und Mensch, nicht gefunden werden können. Und daran kranken wir eben in unserem Zeitalter, dass wir diese Brücke zwischen Mensch und Mensch nicht finden können.

Wir müssen vor allen Dingen manche Frage, ich möchte sagen, wirklich auf eine neue Weise stellen, sodass uns die Fragestellung zunächst grotesk erscheinen kann. Es ist aber nicht so grotesk gemeint.

Nehmen wir einmal an, meine lieben Freunde, ein Kind von drei Jahren würde den Entschluss fassen, doch nicht das «langweilige Zeug» durchzumachen, mit dem Die-zweiten-Zähne-Bekommen bis zum 7. Jahr zu warten, sondern ein Kind von drei Jahren würde sagen: «Es ist mir langweilig, noch vier Jahre durchzumachen, bis ich die zweiten Zähne kriegen soll, ich will sie gleich kriegen.» Ich könnte Ihnen noch andere Vergleiche sagen, die Ihnen vielleicht noch grotesker erscheinen würden, aber es wird dieser genügen.

Solche Dinge gehen eben nicht, nicht wahr, sondern es gibt gewisse Bedingungen der naturgemäßen Entwicklung.

Und so ist es auch eine Bedingung der naturgemäßen Entwicklung, von der heute die wenigsten Menschen etwas ahnen, dass man eigentlich erst von einem gewissen Zeitpunkt seines Lebens an in Wirklichkeit *etwas wissen kann* – etwas wissen kann von Lebenszusammenhängen, von denjenigen Dingen, von denen der Mensch schon etwas wissen muss, die sich aber nicht in den nächstliegenden Angaben über die äußeren Dinge erschöpfen.

Natürlich kann man auch schon mit neun Jahren wissen, dass der Mensch zehn Finger hat und dergleichen. Aber Dinge, zu denen eigentlich ein im aktiven Denken zu erringendes Urteil notwendig ist, kann man bis zu einem Zeitpunkt im Leben, der ungefähr *zwischen dem 18. und 19. Lebensjahr* liegt, überhaupt nicht wissen. Geradeso wenig wie man vor dem 7. Jahr die zweiten Zähne kriegen kann, so wenig kann man vor dem 18. Jahr in Wirklichkeit etwas «wissen». Das gibt es gar nicht, dass man vor dem 18. Jahr etwas von denjenigen Dingen wirklich wissen kann, die über die eigene Nasenlänge hinausliegen, von den Dingen, zu denen ein aktives Urteil notwendig ist.

Geradeso wenig wie man vor dem 7. Jahr die zweiten Zähne kriegen kann, so wenig kann man vor dem 18. Jahr in Wirklichkeit etwas «wissen». Das gibt es gar nicht, dass man vor dem 18. Jahr etwas von denjenigen Dingen wirklich wissen kann, die über die eigene Nasenlänge hinausliegen, von den Dingen, zu denen ein aktives Urteil notwendig ist.

Vorher kann man etwas gehört haben, auf Autorität hin etwas glauben, aber wissen kann man nichts darüber. Man kann nicht vorher jene innere Tätigkeit der Seele entfalten, welche notwendig ist, sodass man sagen kann: «Ich weiß über dieses oder jenes etwas, was eben nicht im Gebiet des mit den Augen oder Ohren zu Erreichenden liegt.»

Von solchen Dingen redet man eigentlich heute nicht viel. Sie sind aber im höchsten Grad lebenswichtig. Soll überhaupt eine Kulturwelt Hand und Fuß bekommen, dann handelt es sich gerade darum, dass man über solche Dinge wiederum redet, dass solche Dinge wiederum sachgemäß behandelt werden.

Was folgt denn aber eigentlich daraus, dass man vor seinem 18. Lebensjahr überhaupt nichts wissen kann? Daraus folgt, dass man als Mensch vor dem 18. Lebensjahr einfach so auf diejenigen angewiesen sein muss, die über das 18. oder 19. Lebensjahr hinaus sind, wie der Säugling auf die Mutterbrust angewiesen ist. Es ist gar nicht anders.

Daraus aber folgt etwas außerordentlich Bedeutsames für jenen Verkehr, der zwischen den Erziehenden, den Unterrichtenden, und den jüngeren Menschen stattfindet. Wenn das nicht beachtet wird, so ist dieser Verkehr einfach falsch. Nun ist man sich heute nicht einmal bewusst, dass das so ist, sondern man handelt vielfach gerade auf dem Gebiet der Pädagogik ganz dagegen. Es war aber nicht immer so.

Gerade wenn wir in jene alten Zeiten zurückgehen, die vor dem ersten Drittel des 15. Jahrhunderts liegen, da hätte es so etwas wie die heutige Jugendbewegung in Wahrheit nicht geben können. Jedenfalls eine Jugendbewegung in der heutigen Form, der man damals ein Recht zugestanden hätte, dass sie besteht, hätte es nicht geben können. Und wenn man sich die Frage beantworten will, warum es sie nicht hätte geben können, dann muss man eben hinschauen auf die besonders bedeutsamen° Verhältnisse, sagen wir, auf solche Verhältnisse, wie sie zwischen denjenigen Menschen bestanden, die in Klosterschulen waren, wo sie sich für das Leben vorbereiteten. Wir können auch die Verhältnisse nehmen, die für die jungen Leute bestanden, die für das Handwerk vorbereitet worden sind: Wir würden dabei nichts anderes finden, sondern genau dasselbe.

Man hätte sich den Vorwurf gemacht, seine heiligste Menschenpflicht zu versäumen, wenn man es ... als Erzieher nicht dahin gebracht hätte, dass die Jugend aus der Frische und Überzeugungskraft der einzelnen Menschennatur an einen glaubt, dass sie so die Wahrheit übernimmt.

Damals, in den älteren Zeiten, da wusste man ganz genau: Es kann nicht davon die Rede sein, dass jemand vor dem 18. Jahr zu einem Wissen heranerzogen werden kann. Es wäre den Leuten einfach absurd erschienen, wenn man behauptet hätte, man könne einen Menschen vor dem 18. Jahr zum Wissen heranerziehen. Man wusste ganz genau damals unter den älteren Leuten, namentlich wenn diese Erzieher oder Unterrichtende haben sein wollen: Zum Wissen heranerziehen kann man die Jugend nicht. Man muss sich die Möglichkeit erwerben, diese Jugend *zum Glauben* an dasjenige heranzuziehen, was man selber nach seinem Wissen für wahr hält. Und das war einem etwas Heiliges, die Jugend zum Glauben heranzuziehen.

Heute sind diese Verhältnisse überhaupt alle ganz verwuselt, weil man dasjenige, was man in diesen älteren Zeiten von der Jugend nur verlangt hat – den Glauben –, von den erwachsenen Menschen in Bezug auf das Übersinnliche verlangt. Den Begriff des Glaubens hatte man im Grunde damals eigentlich nur für die Jugend. Aber man betrachtete ihn als etwas Heiliges. Man hätte sich den Vorwurf gemacht, seine heiligste Menschenpflicht zu versäumen, wenn man es als Lehrer oder als Erzieher nicht dahin gebracht hätte, dass die Jugend aus der Frische und Überzeugungskraft der einzelnen Menschennatur an einen glaubt, dass sie so die Wahrheit übernimmt.

Man dachte sich nicht, weil man erwachsen ist oder weil irgendeine Behörde einem ein Diplom ausgestellt hat oder einen angestellt hat, so muss die Jugend an einen glauben.

Diese Gefühlsnuance lag in aller Erziehung, in allem Unterricht. Es mag sonst alles Erziehen und Unterrichten der damaligen Zeit uns heute unsympathisch erscheinen, weil es in alle möglichen Klassen und Differenzierungen eingeschachtelt war. Aber wenn wir von dem absehen, so war eben das vorhanden, dass man daran festhalten wollte, dass die Jugend an einen glauben kann.

Aber damit war etwas anderes verknüpft. Damit war verknüpft, dass die Älteren sich sagten, man müsse sich erst den Anspruch darauf erwerben, dass die Jugend an einen glauben kann. Man sollte sich erst den Anspruch erwerben, dass man von der Jugend ernst genommen wird. Denn das ist die Voraussetzung dafür, dass die Jugend an einen glaubt.

Man dachte sich nicht, weil man erwachsen ist oder weil irgendeine Behörde einem ein Diplom ausgestellt hat oder einen angestellt hat, so muss die Jugend an einen glauben. Gewiss, Diplome und allerlei solche Dinge haben auch in der damaligen Zeit eine gewisse äußerliche Rolle gespielt. Ich werde Ihnen das, was da zu erläutern ist, an dem Beispiel erläutern, wie die Jugend in den Klosterschulen drinnenstand, die die einzigen Bildungsanstalten in den Zeiten waren, die dem 15. Jahrhundert vorangingen. Da war es damals gar nicht Sitte, der Jugend ein Wissen zu überliefern. Man wollte sich dadurch den Anspruch erwerben, von der Jugend ernst genommen zu werden, dass man der Jugend zunächst nicht ein Wissen überliefern wollte.

Heute ist es uns so fremd, irgendeinen Begriff mit dem Satz zu verbinden: «Man will der Jugend nicht ein Wissen überliefern», dass man diesen Satz fast gar nicht verstehen kann. Aber damals war es fast ebenso selbstverständlich, dass bevor man der Jugend ein Wissen überlieferte, man erst die Jugend anschauen ließ, empfinden ließ, dass man etwas kann. Erst von einem gewissen Alter an sagte man der Jugend, was man weiß. Zuerst zeigte man der Jugend, *was man kann.*

... dass indem das Kind aus dem vorirdischen Dasein in das irdische Dasein hereintritt, es sich zunächst die Kraft der Nachahmung mitbringt, sodass das Kind bis zum Zahnwechsel ein Nachahmer ist.

Und daher war zunächst der Inhalt des Unterrichts die Dreiheit von Grammatik, Dialektik und Rhetorik. Das waren nicht Wissenschaften, denn zu dem Ungeheuer von Pseudowissenschaft, zu dem es die Grammatik im Laufe der Zeit gebracht hat, ist sie eben erst geworden. In jenen alten Zeiten war die Grammatik wahrhaftig nicht das, was sie heute ist, sondern die Grammatik war die Kunst, Gedanken und Worte zu verbinden und zu trennen und so weiter. Grammatikunterricht war in gewissem Sinne *ein künstlerischer Unterricht* und erst recht war er das bei der Kunst der Dialektik und dann der Rhetorik.

Alles war darauf berechnet, zunächst so an die Jugend heranzukommen, dass die Jugend empfand, man kann etwas, dass sie empfand, man kann sprechen und denken und im Sprechen Schönheit walten lassen. Grammatik, Dialektik und Rhetorik, das war *ein Unterricht im Können* und in einem solchen Können, das sich eng an die menschliche Regsamkeit des Unterrichtenden und Erziehenden anschloss.

Wenn wir heute von Anschauungsunterricht sprechen, so lösen wir ja diesen Anschauungsunterricht ganz von der Persönlichkeit des Unterrichtenden und Erziehenden los. Wir schleppen alle möglichen Geräte zusammen, bis zu den scheußlichen Rechenmaschinen, um diesen Unterricht nur ja so unpersönlich wie möglich zu machen. Wir bestreben uns, ihn von dem Persönlichen loszulösen. Man kann ihn aber nicht loslösen und dieses Bestreben, ihn vom Persönlichen loszulösen, führt nur dazu, dass dann die schlechtesten Seiten der Erzieher und Lehrer wirken, dass die Lehrer die schöne Seite ihres Wesens gar nicht entfalten können, wenn da alle mögliche «Objektivität» zusammengeschleppt wird.

Also, man betrachtete es als eine Anforderung an den Erzieher und Unterrichtenden, dass er die Jugend zuerst empfinden ließ, was er – und zwar

Also, man betrachtete es als eine Anforderung an den Erzieher … dass er die Jugend zuerst empfinden ließ, was er – und zwar im höchsten Sinne – als Mensch «kann»: wie er die Sprache beherrscht, wie er die Gedanken beherrscht, wie er sie in der Schönheit seiner Sprache mitteilt.

im höchsten Sinne – als Mensch «kann»: wie er die Sprache beherrscht, wie er die Gedanken beherrscht, wie er sie in der Schönheit seiner Sprache mitteilt. Erst dadurch, dass man eine Zeit lang in dieser Art die jungen Leute zusehen ließ, was man kann, erwarb man sich den Anspruch darauf, sie allmählich auch zu dem heranzuerziehen, *was man wissen kann,* zu Arithmetik, Geometrie, Astronomie und Musik – Musik, wie sie damals gemeint war, und gemeint war sie als eine harmonische und melodische Durchdringung der ganzen Weltordnung. Dadurch, dass man vom Grammatischen, Dialektischen und Rhetorischen ausging, dadurch konnte man noch in Arithmetik, Geometrie, Astronomie und Musik so viel Künstlerisches gießen, als eben möglich ist, wenn man einmal vom Künstlerischen ausgegangen ist.

Sehen Sie, meine lieben Freunde, das ist ja alles verflüchtigt, verduftet bei dem ersten Anlauf, dem ersten Heraufkommen des Intellektualismus. Von dem, was in dieser Art vom alten Artistischen heraufkam, haben wir ja nur noch ganz spärliche Reste. An einzelnen Universitäten werden die Doktordiplome bekanntlich so ausgestellt, dass der betreffende Diplomierte zum «Doktor der Philosophie und der sieben freien Künste» ernannt wird. Aber was es mit diesen sieben freien Künsten für eine Bewandtnis hat, das wissen Sie ja ungefähr.

Und historisch kann man solche Tatsachen festhalten wie diese, dass der berühmte Curtius, der in Berlin gelehrt hat und eine außerordentliche Persönlichkeit war, ein ganz abweichendes Diplom hatte. Wenn Sie fragen, für welches Fach er eigentlich die Venia Legendi (Lehrerlaubnis) hatte, dann werden Sie glauben: für Kunstgeschichte. Das ist aber nicht richtig, er hatte den Lehrauftrag für Eloquentia, für Redekunst. Aber die Zeit war so, dass es antiquiert war, dieses Fach irgendwie geltend zu machen. Er war Professor der Beredsamkeit, und um überhaupt etwas tun zu können, vertrat er Kunstgeschichte, die er eben ausgezeichnet vertrat.

Es wäre einem sogar komisch vorgekommen, schon in der damaligen Zeit, als Curtius lehrte, wenn die Beredsamkeit ein Lehrfach gewesen wäre. Aber die Beredsamkeit, das heißt die Rhetorik, war eben gerade für die jüngere Jugend ein Grundlehrfach, und durch diese Dinge kam etwas durch und durch Künstlerisches in die Erziehung hinein. Aber dieses Hineinbringen eines Künstlerischen in die Erziehung war noch ganz unter den Gesichtspunkt der alten Menschenordnung gestellt, wo die Verstandes- oder Gemütsseele der Verstandes- oder Gemütsseele gegenüberstand.

Heute ist man noch gar nicht in der Lage, sich die Frage von dem neuen Gesichtspunkt aus zu stellen: Wie müssen all diese Dinge sein, wenn in der Menschenordnung die Bewusstseinsseele der Bewusstseinsseele gegenübersteht? Sobald Pädagogik im weiteren Sinne in Betracht kommt, stellt sich eben diese Frage von selbst. Sie ist längst gestellt, sie ist seit Jahrzehnten gestellt, aber die Menschen haben noch nicht das aktive Denken aufgebracht, sie zu formulieren und deutlich zu empfinden. Und wo liegt eine Antwort auf diese Frage?

Eine Antwort auf diese Frage, meine lieben Freunde, liegt darin, dass wir einsehen lernen – denn es kommt bei diesen Dingen auf Willensentfaltung und nicht auf eine theoretische Lösung an –, dass wir einsehen lernen, dass indem das Kind aus dem vorirdischen Dasein in das irdische Dasein hereintritt, es sich zunächst die Kraft der Nachahmung mitbringt, sodass *das Kind bis zum Zahnwechsel ein Nachahmer ist.* Aus dieser Kraft der Nachahmung wird ja noch die Sprache gelernt. Die ist ja, ich möchte sagen, dem Kind einergossen, so wie seine Blutzirkulation ihm einergossen ist, indem es das Erdendasein betritt.

Aber wir können nicht einfach das Kind nun an bewusstere und bewusstere Erziehung herankommen lassen, indem wir aus der Bewusstseinsseele heraus die sogenannte «Wahrheit» überliefern, die Erkenntnis in Form der sogenannten Wahrheit überliefern. Die frühere Zeit, die ich eben in Bezug auf das Erziehungsproblem charakterisiert habe, sagte sich: «Vor

Aber kein Lehrer kann irgendeinem Jungen oder Mädchen in Wahrheit ein Wissen überliefern, wenn nicht in dem jungen Menschen die empfindende Überzeugung gereift ist: «Der kann etwas.»

Wenn man bloß weiß, der hat ein Diplom, dann geht die Geschichte, die da begründet werden soll, manchmal schon mit dem 10. Jahr kaputt.

dem 18. Jahr kann ein junger Mensch nichts wissen, also muss man ihn durch das Können, das er zuerst im Glauben hinnimmt, zum Wissen führen. Dadurch werden in ihm zwischen dem 18. und 19. Jahr die Wissenskräfte geweckt.»

So dachte man sich das ungefähr. Denn die Wissenskräfte müssen aus dem Inneren heraus geweckt werden. Und um das zu können, um gewissermaßen den jungen Menschen bis zu seinem 18. Jahr auf den Wartestandpunkt zu setzen, suchte man eben als Mensch sich so der Jugend gegenüber zu verhalten, dass man zuerst der Jugend zeigte, was man kann – und sie dann zu der Empfindung erzog, mit einem selber zunächst zu erleben, ich möchte sagen, provisorisch bis zum 18. Jahr, was man wissen soll. Es war ein Provisorium, das «Wissenaneignen» bis zum 18., 19. Jahr, weil man vor dem 18., 19. Jahr überhaupt nichts wissen kann.

Aber kein Lehrer kann irgendeinem Jungen oder Mädchen in Wahrheit ein Wissen überliefern, wenn nicht in dem jungen Menschen die empfindende Überzeugung gereift ist: «Der kann etwas.» Es ist einfach ein gegenüber der Menschheit unverantwortliches Beginnen, als Pädagoge anders wirken zu wollen, als dass die Jugend zuerst die selbstverständliche Meinung hat: «Der kann etwas.»

Bevor man als junger Mensch an die Arithmetik kam, wie sie damals aufgefasst wurde – sie war nicht jenes stroherne, abstrakte Zeug von heute –, war man sich klar darüber, dass diejenigen, die einen in die Arithmetik führen, zu reden und zu denken wissen, war man sich auch klar darüber, dass sie Beredsamkeit haben. Das ist doch ein Grund, dass man sich als junger Mensch an dem älteren hinaufrankt, wenn man das alles aus seiner eigenen Empfindung heraus weiß.

Wenn man bloß weiß, der hat ein Diplom, dann geht die Geschichte, die da begründet werden soll, manchmal schon mit dem 10. Jahr kaputt. Die Frage, die damals lebendig unter den Leuten lebte, muss wiederum lebendig unter den Leuten werden. Sie kann nur nicht – weil heute in der Menschenordnung Bewusstseinsseele der Bewusstseinsseele gegenübersteht –, sie kann nicht ebenso gelöst werden wie früher, wo sich die Menschen «Gemütsseele der Gemütsseele» gegenübergestanden haben. Sie muss heute anders gelöst werden.

Selbstverständlich können wir nicht wieder beginnen, das «Trivium» (Dreiweg) und das «Quadrivium» (Vierweg) einzuführen, obwohl es noch immer besser wäre als das, was heute vielfach da ist, sondern wir müssen den heutigen Verhältnissen Rechnung tragen – nicht den äußeren, sondern denjenigen Verhältnissen, die in der Entwicklung des Menschengeschlechts liegen. Da ist es so, dass wir den Übergang finden müssen zwischen der selbstverständlichen Nachahmung, welche das Kind einfach aus seiner Natur heraus vor dem Zahnwechsel übt, zwischen dieser selbstverständlichen Nachahmung und der Zeit, wo wir zunächst auf Treu und Glauben hin und später auf das eigene Urteil rechnend, den Menschen Wissen beibringen können.

Da ist eine Zwischenzeit, und diese Zwischenzeit ist für die heutige Jugend ungeheuer kritisch. Für diese Zwischenzeit muss das wichtigste Weltproblem gelöst werden, denn da liegen jene Dinge, von denen Fortschritt oder Rückschritt oder sogar Niedergang der menschlichen Entwicklung in der Zukunft abhängen. Dieses Problem heißt: Was haben die Älteren mit den Jüngeren zu machen zwischen den Jahren, wo die Nachahmung vorhanden ist, und den Jahren, wo das Wissen überliefert werden kann.

Diese Frage ist *eine der wichtigsten Kulturfragen der Gegenwart.* Und was war die Jugendbewegung, insofern sie ernst zu nehmen ist? Sie war die Frage, das Lechzen danach: Haben Ältere dafür eine Antwort?

Und sie kam darauf, die Jugend, dass innerhalb der Schule eine solche Antwort nicht zu finden ist, und sie trieb sich daher «in Wald und Flur und auf dem Feld herum». Sie zog es vor, statt Schulmensch zu werden, Vogel zu werden, nämlich Wandervogel zum Beispiel.

Das Leben muss angeschaut werden und nicht die Theorie, wenn man diese große Weltkulturfrage bewältigen will. Wer heute in das Leben hineinschaut, der findet, dass die Zeit zwischen dem Nachahmungsalter des Menschen und dem Alter, wo der Mensch die Erkenntnis in Form der Wahrheit übernehmen kann, dass dieses Alter dadurch ausgefüllt werden muss, damit die Menschheit nicht verkümmere, dass dem Menschen dasjenige überliefert werde, was er für Kopf und Herz und für den Willen haben soll, dass es ihm überliefert werde *in künstlerischer Schönheit.*

Es war aus einer alten Kulturordnung die Siebenheit von Grammatik, Dialektik, Rhetorik, Arithmetik, Geometrie, Astronomie und Musik als etwas Künstlerisches herausgewachsen. Heute brauchen wir auch ein Künstlerisches, nur muss es gemäß den Forderungen der Bewusstseinsseele nicht in dieser Weise spezialisiert sein, dass sieben freie Künste walten. Denn es muss für das Volksschulalter und noch lange über das Volksschulalter hinaus – solange es sich überhaupt um Erziehung und Unterricht handelt – der ganze Unterricht durchfeuert und durchglüht sein vom künstlerischen Element.

Die Schönheit muss walten für das Volksschulalter und für das spätere Alter des Menschen, die Schönheit muss da als die Dolmetscherin der Wahrheit walten. Diejenigen Menschen werden niemals ein Vollmenschliches in sich aufnehmen, das sie gegenüber den Anforderungen des Lebens wappnet, die nicht gelernt haben, durch die Schönheit durchzugehen und sich durch die Schönheit die Wahrheit zu erobern.

Denn es muss für das Volksschulalter und noch lange über das Volksschulalter hinaus ... der ganze Unterricht durchfeuert und durchglüht sein vom künstlerischen Element.

Die deutschen Klassiker haben das vorausgeahnt, wenn auch nicht in voller Tragweite betont. Aber sie haben dafür kein Verständnis gefunden. Sehen Sie doch, wie bei Goethe das Suchen nach der Wahrheit durch die Schönheit zu finden ist. Hören Sie, wie Goethe sagt: Die Kunst ist eine Manifestation geheimer Naturkräfte – was ja nichts anderes besagen will als: Man gelangt erst durch die künstlerische Erfassung der Welt zu der lebendigen Wahrheit, sonst gelangt man nur zur toten Wahrheit. Und Schillers Wort, das schöne Wort: «Nur durch das Morgenrot des Schönen dringst du in der Erkenntnis Land.»

Bevor nicht im allertiefsten Sinne durchdrungen wird der Sinn dieses Weges, durch das Künstlerische, durch das Artistische in das Wahrheitsgebiet hineinzugehen, kann auch nicht die Rede davon sein, dass die Menschheit sich ein wirkliches Verständnis für die übersinnliche Welt im Sinne des Zeitalters der Bewusstseinsseele aneigne.

Die Schönheit muss walten für das Volksschulalter und für das spätere Alter des Menschen, die Schönheit muss da als die Dolmetscherin der Wahrheit walten.

Denn sehen Sie, vom Menschen kann man ja mit Hilfe all derjenigen Wissenschaft, die man heute hat und die man heute anerkennt, nur den physischen Körper erkennen. Man kann nichts anderes erkennen als den physischen Körper. Es gibt keine Möglichkeit, mit der heutigen Wissenschaft vom Menschen etwas anderes zu erkennen als den physischen Körper. Daher wird zutreffend und auch großartig über Physiologie und Biologie gesprochen, solange es sich um den physischen Körper handelt. Allerdings reden die Leute auch noch ein bisschen von Psychologie, aber Psychologie kennen sie nur als Experimentalpsychologie. Und da beobachten sie als seelische Erscheinungen das, was zwar als seelische Erscheinungen figuriert, aber mit dem physischen Leib zusammenhängt.

Von rein seelischen Erscheinungen können sich die Menschen nicht die geringste Vorstellung machen. Daher sind sie auch darauf gekommen, den «psychophysischen Parallelismus» zu erfinden, wie man sagt. Parallele können sich aber erst in der Unendlichkeit schneiden. So kann man auch sagen: Über den Zusammenhang von physischem Leib und Seele kann man erst in der Unendlichkeit etwas wissen! Und so stellt man den psychophysischen Parallelismus auf.

In alldem drückt sich symptomatisch das Unvermögen des Zeitalters aus, den Menschen zu verstehen.

Denn erstens, wenn man den Menschen verstehen will, so hört sofort die Macht des Intellektualismus auf. Der Mensch lässt sich nicht intellektualistisch verstehen. Man kann fest und steif auf dem Intellektualismus beharren, dann muss man aber auf die Erkenntnis vom Menschen verzichten. Doch dazu müsste man sich erst das Gemüt herausreißen, und das kann man nicht. Wenn man es aber nicht herausreißt, so verkümmert es. Denn der Kopf kann noch auf das Verständnis des Menschen verzichten, aber das Gemüt verkümmert. Unsere ganze Kultur schreibt sich so von dem verkümmerten Gemüt her.

«Das Schöne ist eine Manifestation geheimer Naturgesetze ...»

Goethe

Und zweitens ist ein Menschenverständnis nicht mit den Begriffen zu erringen, die uns gerade großartig in die äußere Natur hineinführen. Von denen können wir äußerlich noch so viel erreichen, das tun sie ganz sicher nicht, dass sie uns schon zum zweiten Glied des menschlichen Leibes führen, nämlich zum ätherischen Menschenleib, zum Bildekräfteleib.

Denken Sie sich, der Mensch könnte durch die Methoden der heutigen Wissenschaft schon so viel wissen, wie man vielleicht, sagen wir, am Erdenende wissen wird, also ganz furchtbar viel. Ich will einen ganz vollendeten, ganz gescheiten Wissenschaftler annehmen. Ich will gar nicht einmal sagen, dass es nicht solche Wissenschaftler unter uns gibt, die schon nahe dran sind an diesem Zustand. Denn ich glaube gar nicht, dass man im Intellektualismus in Zukunft noch besonders fortschreiten wird. Man wird eben andere Wege gehen. Ich habe den höchsten Respekt vor dem Intellektualismus unserer Gelehrsamkeit. Glauben Sie ja nicht, dass ich das, was ich sage, aus Respektlosigkeit sage, ich sage es in vollem Ernst. Sehr gescheite Wissenschaftler sind ungeheuer viele da. Es ist gar kein Zweifel daran, es soll auch nicht im Geringsten daran gezweifelt werden.

«Nur durch das Morgenrot des Schönen dringst du in der Erkenntnis Land.»
Schiller

Aber selbst wenn ich annehmen würde, dass diese Wissenschaftlichkeit den höchsten Gipfel erreicht hätte, den sie erreichen kann, so würde man damit doch nur den physischen Menschenleib begreifen können, gar nichts von dem ätherischen Leib.

Nicht als ob ich behaupten wollte, dass die Erkenntnis des ätherischen Leibes auf einer Phantasterei beruht. Das ist nicht der Fall, sie ist eine wirkliche Erkenntnis. Aber die Anregung, überhaupt ein Auge für dieses, ich möchte sagen, untergeordnetste unter den übersinnlichen Gliedern

33

der Menschennatur zu bekommen, die kann nur aus dem artistischen Seelenerlebnis heraufkommen. Dazu gehört eben einfach künstlerisches Seelenblut.

Daher können Sie sich auch vorstellen, dass je mehr man in unserer objektiven Wissenschaft alles vermeiden will, mit Sorgfalt vermeiden will, was künstlerisch ist, sie umso mehr den Menschen davon abbringt, sich selbst, nämlich den Menschen, kennen zu lernen. Es ist ungeheuer viel, was wir durch die Mikroskope und durch andere Apparate erfahren haben. Aber dadurch kommen wir dem Ätherleib niemals näher, sondern nur ferner. Wir verlieren schließlich ganz den Weg, um überhaupt einen Zugang zu dem zu gewinnen, was für das Begreifen des Menschen in erster Linie notwendig ist.

Bei den Pflanzen können wir es noch verwinden, weil die uns nicht so nahe angehen. Die Pflanze schert sich nicht so darum, dass sie nicht jenes Laborprodukt ist, zu dem sie die moderne Naturwissenschaft macht. Sie wächst deshalb doch unter dem Einfluss der ätherischen Kraft des Weltalls und beschränkt sich nicht auf das, was die Physik und Chemie als Kräfte voraussetzen.

Aber selbst wenn ich annehmen würde, dass diese Wissenschaftlichkeit den höchsten Gipfel erreicht hätte, den sie erreichen kann, so würde man damit doch nur den physischen Menschenleib begreifen können, gar nichts von dem ätherischen Leib.

Aber wenn wir als Mensch dem Menschen gegenüberstehen, dann ist es nicht so, dann hängt unser Gefühl, unser Vertrauen, unsere Pietät, kurz, alles dasjenige, was in unserem Gemüt ist und was im Zeitalter der Bewusstseinsseele selbstverständlich über das bloß Instinktive hinausgeht – denn weil Bewusstseinsseele da ist, geht alles über das Instinktive hinaus –, beim Menschen hängt alles davon ab, dass er eine Erziehung bekommt, die auf etwas hinschauen lässt, was nicht bloß physischer Menschenleib ist.

Wenn uns die Erzieher davon abbringen, eine Einsicht in das zu bekommen, was der Mensch ist, so können wir nicht verlangen, dass im Gemüt diejenigen Kräfte heranwachsen, die den Menschen in der richtigen Weise dem Menschen gegenüberstellen. Aber alles hängt davon ab, dass der Mensch sich losreißen kann von dem Haften an der bloßen Beobachtung, an dem bloßen Experiment. Ja, wir können erst die Beobachtung und das Experiment im richtigen Sinne würdigen, wenn wir uns davon losreißen. Und das einfachste Losreißen ist das artistische, das künstlerische Losreißen.

Ja, meine lieben Freunde, wenn der Lehrer, der Unterrichtende, dem Kind wiederum so gegenüberstehen wird, wie für ein älteres Zeitalter passend die Grammatik, die Dialektik, die Rhetorik der Jugend gegenübergestanden hat, das heißt wenn der Lehrer, der Unterrichtende, wieder der Jugend gegenüberstehen wird so, dass seine Handhabung des Unterrichts wieder artistisch ist, dass überall Kunst darin herrscht, dann wird eine andere Jugendbewegung entstehen, jene Jugendbewegung, sie mag Ihnen heute unsympathisch sein, aber es wird eine Jugendbewegung entstehen, die sich zu den artistischen Lehrern hindrängen wird, weil sie das saugen will, weil sie von ihnen das erwarten wird, was die Jugend von den Älteren erwarten muss.

Denn in Wahrheit kann die Jugendbewegung nicht eine bloße Opposition, ein bloßes Auflehnen gegen das Alte sein, sondern es ist schon so ähnlich wie mit dem Säugling: Könnte er nicht von der Mutter die Muttermilch bekommen, dann könnte er alles andere auch nicht. Das, was man lernen muss, das muss man eben lernen.

Aber man wird es nur lernen, wenn man einen so selbstverständlichen Zug zu den Älteren hat, wie ihn der Säugling zu der Mutterbrust hat, wie ihn das Kind hat, wenn es durch die Nachahmung sprechen lernt. Den wird man nur haben, wenn einem von der älteren Generation das Artistische, das Künstlerische, entgegentritt, wenn einem die Wahrheit zuerst in der Schönheit erscheint. Dann wird gerade das Beste in den jungen Menschen sich entzünden: nicht der Intellekt, der immer passiv ist, sondern der Wille, der aktiv ist und der auch noch das Denken aktivieren wird.

Artistische, künstlerische Erziehung wird eine Willenserziehung sein, und von der Erziehung des Willens hängt doch alles ab.

Wie das weiter aufzufassen ist, davon dann morgen.

… wenn der Lehrer … wieder der Jugend gegenüberstehen wird so, dass seine Handhabung des Unterrichts wieder artistisch ist, dass überall Kunst darin herrscht, dann wird … eine Jugendbewegung entstehen, die sich zu den artistischen Lehrern hindrängen wird, weil sie das saugen will, weil sie von ihnen das erwartet wird, was die Jugend von den Älteren erwarten muss.

Erziehung zur Freiheit

Stuttgart, 12. Oktober 1922

Meine lieben Freunde!

Ich wollte gestern begreiflich machen, wie man zu einer Erziehung beziehungsweise zu einer Führung der jungen Menschen dadurch kommen muss, dass die Erziehung in künstlerischer Art gestaltet wird.

Ich habe darauf aufmerksam gemacht, dass in einem gewissen Sinne in früheren Zeitaltern der Erzieher vom Künstlerischen ausgegangen ist, was eben für die sogenannte höhere Schulbildung dadurch geschah, dass man dasjenige, was heute schon ganz die Form des Abstrakten, des Wissenschaftlichen angenommen hat – das Grammatische, das Dialektische und das Rhetorische –, als Künste handhabte und betrachtete, sodass der junge Mensch zuerst an seinem Führer etwas kennenlernte, wodurch er sich sagen konnte: «Der kann etwas, was ich nicht kann.»

Und dadurch allein stellte sich das richtige Verhältnis zwischen den Generationen, zwischen den jüngeren und den älteren Generationen her. Denn dieses Verhältnis, meine lieben Freunde, kann sich niemals auf dem Weg der Intellektualität entwickeln. Sobald man sich bewusst auf So ist es beim Intellekt! Ja, beim Intellekt kommt die Reife des Menschen, die Erfahrung des Menschen gar nicht in Betracht. Reife des Menschen, Erfahrung des Menschen kommt erst beim Können in Betracht. Aber beim Können wird sie auch ganz selbstverständlich von der Jugend beim älteren Menschen anerkannt.

den Boden des Verstandes überhaupt stellt, mit anderen Worten nicht die innerlich geoffenbarten Ideen der Gemüts- und Verstandesseele hat, sobald man sich mit der Bewusstseinsseele auf den Boden des Verstandes stellt, gibt es keine Möglichkeit, unter den Menschen irgendwie noch zu differenzieren. Denn es ist die menschliche Natur einmal so veranlagt, dass jeder glauben muss, wenn es sich darum handelt, irgendetwas mit der Bewusstseinsseele begrifflich auszumachen, dass wenn er überhaupt nur zu Begriffen kommt, er dann über diese Begriffe mit jedem «diskutieren» kann. So ist es beim Intellekt! Ja, beim Intellekt kommt die Reife des Menschen, die Erfahrung des Menschen gar nicht in Betracht. Reife des Menschen, Erfahrung des Menschen kommt erst beim Können in Betracht. Aber beim Können wird sie auch ganz selbstverständlich von der Jugend beim älteren Menschen anerkannt.

Um nun diese Dinge, ich möchte sagen, aus dem Fundament heraus zu verstehen, müssen wir uns noch einmal von einem anderen Gesichtspunkt aus ein wenig vor die Seele stellen, wie die Menschheitsentwicklung eigentlich verlaufen ist. Nach geisteswissenschaftlicher Forschung muss ich Ihnen auseinandersetzen, wie die Menschheitsgeschichte in Bezug auf den *Verkehr von Mensch zu Mensch* verlaufen ist.

Die äußere Geschichte kann ja nach ihren Dokumenten nur einige Jahrtausende vor unsere° Zeitrechnung zurückgehen, und sie kann nicht einmal dasjenige, was sie da erkundet, in der richtigen Weise bewerten, weil schon wenn man in die alte Griechenzeit zurückkommt, die geistigen Erzeugnisse mit den Begriffen von heute gar nicht mehr gefasst werden können. Man muss schon für die alte Griechenzeit ganz andere Begriffe anwenden.

Das hat unter anderen Nietzsche gefühlt. Daher ist seine kleine Schrift, die nicht zu Ende gekommen ist, so reizvoll: *Die Philosophie im tragischen Zeitalter der Griechen,* wo er die Philosophie der Griechen im Zusammenhang mit der allgemeinen griechischen Kulturentwicklung bis zu Sokrates behandelt. In Sokrates findet er das erste Aufleuchten der bloßen Intellektualität, während alles Philosophische in dem sogenannten tragischen Zeitalter der griechischen Entwicklung aus umfassenden menschlichen Untergründen hervorgegangen ist. Sodass, wenn sich der Grieche begrifflich ausdrückt, das Begriffliche eben nur eine Sprache ist, um *Erlebtes* auszudrücken. Philosophie war in den ältesten Zeiten etwas ganz anderes, als was die Philosophie später geworden ist. Aber darauf will ich nur ganz äußerlich hinweisen.

Dasjenige, worauf ich Sie hinweisen will, ist, dass man mit geistiger Imagination und besonders mit Inspiration viel weiter zurückschauen kann und auch auf die Details der menschlichen Entwicklung, vor allen Dingen in die Seelen der Menschen hineinschauen kann. Und wenn wir Und wenn wir sehr weit, etwa in das 7., 8. Jahrtausend … zurückgehen, dann zeigt sich doch dieses, dass es da eine ganz selbstverständliche Verehrung der Jugend sogar für das höchste Alter gab. Diese Verehrung war selbstverständlich.

sehr weit, etwa in das 7., 8. Jahrtausend vor unserer° Zeitrechnung zurückgehen, dann zeigt sich doch dieses, dass es
da eine ganz selbstverständliche Verehrung der Jugend sogar für das höchste Alter gab. Diese Verehrung war selbstverständlich.

Warum war sie selbstverständlich? Weil in jenen ältesten Zeiten dasjenige, was heute nur für die ersten Jugend-
jahre vorhanden ist, noch für die ganze Menschheitsentwicklung vorhanden war.

Nicht wahr, wenn man nicht so grob auf den
Menschen hinschaut, wie man das heute oft
tut, so wird man schon finden, dass die ganze
seelische Entwicklung des Menschen ungefähr
um die Zeit des Zahnwechsels, um das 6., 7.,
8. Jahr eine andere wird. Die Seele des Menschen wird eine andere, und wiederum wird
sie eine andere mit der Geschlechtsreife. Ich
habe das ausführlich in meinem Büchelchen
*Die Erziehung des Kindes vom Gesichtspunkte
der Geisteswissenschaft* auseinandergesetzt.

Das bemerken die Leute zur Not noch, dass
die Seelenentwicklung des Menschen eine andere wird im 7., eine andere im 14., 15. Jahr.
Was die Leute aber gar nicht mehr bemerken,
ist, dass immer noch Übergänge in der Seelenentwicklung im Anfang der zwanziger, Ende der zwanziger,
Mitte der dreißiger Jahre und so weiter stattfinden.

Sehen Sie, wer intimer das seelische Leben betrachten
kann, weiß ganz gut, dass solche Übergänge beim Men-

> Sehen Sie, wer intimer das seelische Leben betrachten kann, weiß ganz gut, dass solche Übergänge beim Menschen vorhanden sind, dass sich das menschliche Leben in rhythmischer Art abspielt.

schen vorhanden sind, dass sich das menschliche Leben in rhythmischer Art abspielt. Versuchen Sie nur einmal, sich so etwas, sagen wir, bei Goethe anzuschauen. Goethe verzeichnet ja bei sich selber, wie er aus gewissen ganz kindlichen religiösen Vorstellungen, die er hatte, durch das Erdbeben von Lissabon, also ungefähr zur Zeit seines Zahnwechsels, herausgehoben worden ist aus dem ganzen Vorstellungskomplex, den er bis dahin hatte, wie er schon als Kind an allem irre geworden ist, wie er als ganz kleines Kind angefangen hat nachzudenken: Gibt es denn eine Güte Gottes in der Wirksamkeit der Welt, wenn man sieht, dass durch die fürchterlichen Feuerkräfte der Erde unzählige Menschen dahingerafft werden? Goethe war eben ganz besonders in solchen Übergangsmomenten seines Lebens sehr empfänglich dafür, äußere Ereignisse auf seine Seele wirken zu lassen, sodass er sich seiner seelischen Umgestaltung bewusst war.

... im 6., 7., 8. Jahrtausend ... waren diese Umschwünge für die Menschen so stark bemerkbar, dass sie als seelische Empfindung so erlebt wurden wie heute der Zahnwechsel oder die Geschlechtsreife.

Und ungefähr für diese Zeit verzeichnet Goethe bei sich selber, wie er zu einer Art von sonderlichem Pantheisten geworden ist, wie er nicht mehr an die Vorstellungen glauben konnte, die ihm von den älteren Leuten seines Hauses und von den Eltern gegeben waren, wie er sich ein Notenpult seines Vaters nahm, Mineralien darauf legte, auf diese ein Räucherkerzchen, welches er beim ersten Hereinleuchten der Morgensonne durch ein Brennglas entzündete. Er drückte das im späteren Leben dadurch aus, dass er sagte: Er habe dem großen Gott der Natur ein Opfer darbringen wollen durch die Entzündung dieses Opferfeuers, das er an der Natur selber angezündet hatte.

Nehmen Sie diese erste Periode des Lebens von Goethe, dann die folgende Epoche seines Lebens und immer weiter, indem Sie sein ganzes Leben so zusammenstückeln, aus Stücken, für die diese kindliche Epoche ungefähr die Länge angibt, so finden Sie, dass bei Goethe in solchen Zeitabschnitten immer etwas geschieht, was seine Seele gründlich umändert. Es ist außerordentlich interessant zu sehen, wie selbst jenes Ereignis, durch das Schiller Goethe wiederum darauf hingewiesen hat, den *Faust* fortzusetzen, bei Goethe nur dadurch einen sehr fruchtbaren Boden gefunden hat, dass er damals am Ende des 18. Jahrhunderts in einer epochalen Periode seines Lebens stand.

Es ist interessant, dass Goethe seinen *Faust* am Anfang eines Lebensabschnittes umgedichtet hat. Denken Sie doch nur einmal: *Faust* wird begonnen in Goethes Jugend so, dass Goethe den Faust das Buch des Nostradamus aufschlagen lässt. Da wird die große Szene geschildert, «wie Himmelskräfte auf- und niedersteigen und sich die goldenen Eimer reichen». Dann wird aber das Blatt umgeschlagen und es wird gesagt: «Du Geist der Erde bist mir näher.» Goethe weist das große Tableau des Makrokosmos für seinen Faust zurück und lässt nur den Erdgeist an ihn herankommen. Dann, als er am An-

Der wird zwar physisch alt, aber der Alte verdankt seinem physischen Älterwerden ein Aufleuchten des Geistes. Er ist nicht mehr vom Körper abhängig. Der Körper verdorrt, die Seele wird frei.

42

fang des 19. Jahrhunderts von Schiller veranlasst wurde, den Faust umzudichten, da dichtete er den «Prolog im Himmel».

Und wer in dieser intimen Art sein eigenes Leben beobachten kann, der wird eben finden: Es sind solche Umschwünge im Leben des Menschen da. Diese Umschwünge bemerken wir heute eben nur, wenn wir uns gerade dazu trainieren, auf unser eigenes Leben intim hinzuschauen.

In jenen alten Zeiten, von denen ich Ihnen jetzt andeutend sprach, im 6., 7., 8. Jahrtausend vor unserer Zeitrechnung, waren diese Umschwünge für die Menschen so stark bemerkbar, dass sie als seelische Empfindung so erlebt wurden wie heute der Zahnwechsel oder die Geschlechtsreife. Und zwar war es so, dass ungefähr bis zur Mitte des Lebens hin, bis zum 35., 36. Jahr, diese Umschwünge so bemerkbar waren, dass man das Leben bis dahin als aufsteigend betrachtete. Dann aber ging es abwärts, man empfand sozusagen das Verdorren des Lebens.

Aber indem man fühlte, da lagern sich im Organismus mit einer gewissen Trägheit gewisse Stoffwechselprodukte ab, gewisse organische Eingliederungen, da verfällt mit einer gewissen Beschleunigung das Leben; indem man fühlte, dass der physische Organismus gewissermaßen immer schwerer und unlebendiger wurde, fühlte man bis in das höchste Alter hinein gerade das

Was sagte sich die Jugend, wenn sie die «Patriarchen» anschaute? Sie sagte sich: «Es ist doch schön, alt zu werden. Da erfährt man etwas durch seine eigene Entwicklung, was man früher nicht wissen kann.»

43

Seelisch-Geistige aufgehen. Man fühlte, wie gerade beim Verdorren des Leibes die Seele sich befreite.

Und man hätte nicht mit jener Inbrunst von jenen Menschen in alten Zeiten – und je weiter man in die alten Zeiten zurückgeht, desto mehr ist das der Fall – als von den «Patriarchen» gesprochen, wenn man nicht äußerlich an den Menschen bemerkt hätte: Der wird zwar physisch alt, aber der Alte verdankt seinem physischen Älterwerden ein Aufleuchten des Geistes. Er ist nicht mehr vom Körper abhängig. Der Körper verdorrt, die Seele wird frei.

In der neueren Zeit ist das außerordentlich selten, dass solche Dinge vorkommen, wie sie zum Beispiel an der Berliner Universität vorgekommen sind. Es waren da zwei Philosophen, der eine hieß Zeller, es war der berühmte Griechen-Zeller, der andere hieß Michelet. Zeller war siebzig Jahre alt und meinte, er müsse sich pensionieren lassen. Michelet war neunzig Jahre alt und trug mit ungeheurer Lebendigkeit vor. Eduard von Hartmann hat mir das selber gesagt, dass Michelet gesagt haben soll: «Ich begreife nicht, warum der Jüngling nicht mehr vortragen will». Michelet war, wie gesagt, neunzig Jahre alt.

Selten erhalten sich heute Menschen in solcher Frische, aber damals war es besonders bei denen so, die sich mit wirklich geistigem Leben abgaben. Was sagte sich die Jugend, wenn sie die «Patriarchen» anschaute? Sie sagte sich: «Es ist doch schön, alt zu werden. Da erfährt man etwas durch seine eigene Entwicklung, was man früher nicht wissen kann.» Und das sagte man sich auf eine ganz natürliche Weise. Gerade so, wie sich ein kleiner Junge, der ein

Spielpferd hat, wünscht, groß zu werden, um ein wirkliches Pferd zu bekommen, so wünschte man sich damals, alt zu werden, weil man empfand, dass einem dann von innen heraus etwas geoffenbart wird.

Dann kamen die folgenden Jahrtausende. Da empfand man dieses auch noch bis in ein höheres Alter hinauf, aber nicht mehr so wie in dem urindischen Zeitalter – nach der Terminologie, die ich in meiner *Geheimwissenschaft im Umriß* gebrauche. Und als die Griechenzeit kam, in der Blütezeit des Griechentums, da empfand der Mensch noch ganz lebendig den Umschwung des Lebens in der Mitte der dreißiger Jahre. Da wusste man noch den Unterschied zwischen Leiblichem und Geistigem anzugeben, indem man sich sagte: «Wenn man dreißig Jahre alt ist, geht es mit dem Physischen abwärts, aber das Geistige sprießt dann erst recht hervor.»

Das empfand man geistig-seelisch in unmittelbarer menschlicher Gegenwart. Darauf beruht das Urempfinden des Griechentums, nicht auf jener Phantasie, von der die heutige Wissenschaft spricht. Will man verstehen, worauf das Lebensvolle des Griechentums beruht, so muss man wissen, dass die Griechen nur noch dreißig, fünfunddreißig, sechsunddreißig Jahre mit Bewusstsein alt werden konnten, während eine ältere Menschheit noch mit Bewusstsein viel älter wurde. Darin besteht die Entwicklung der Menschheit: Die Menschheit musste immer mehr unbewusst dasjenige erleben, was von Natur aus das Spätere ist.

Sodass es eine Anforderung an die Menschheit wird, das wiederum bewusst zu durchleben – denn bewusst muss

Aber die menschliche Organisation ist heute so geworden, dass der Mensch von seiner natürlichen Entwicklung eigentlich nur bis zu seinem 26., 27. Jahr etwas hat, und diese Grenze wird immer mehr nach unten verschoben werden.

man es wieder durchleben. Wer sich selbst beobachtet, der kann diese siebenjährigen Umschwünge erkennen. Die Länge ist nicht pedantisch genau, aber approximativ. Wer auf die Zeit seines 49., 42., 35. Jahres zurückschaut, der kann ganz gut wissen: Damals ist mit dir etwas vorgegangen, wodurch du etwas wissen oder empfinden gelernt hast, was du vorher aus deiner Natur heraus einfach nicht hättest erreichen können, geradeso, wie du mit den zweiten Zähnen nicht hättest beißen können, bevor du sie gehabt hast.

Das Menschenleben als etwas Konkretes zu erleben, das ist schon etwas, was im Ablauf der Menschheitsentwicklung verloren ging. Und wenn sich heute jemand nicht innerlich trainiert, um das an sich zu beobachten, so verwischen sich diese Epochen vom 30. Jahr an vollständig. Verhältnismäßig ist noch im Beginn der zwanziger Jahre, auch noch am Ende der zwanziger Jahre – dieses Letztere jedoch schon weniger – noch etwas zu bemerken von einem innerlichen Anderswerden. Aber die menschliche Organisation ist heute so geworden, dass der Mensch von seiner natürlichen Entwicklung eigentlich nur bis zu seinem 26., 27. Jahr etwas hat, und diese Grenze wird immer mehr nach unten verschoben werden.

Die Menschen waren in früheren Zeiten in ihrer Organisation dadurch unfrei, dass sie prädestiniert waren, dies aus ihrer Natur heraus durchzumachen. Freiheit ist nur dadurch möglich geworden, dass diese Naturbestimmtheit aufgehoben wurde. In dem Maße, in dem sie aufhört, wird Freiheit möglich. Der Mensch muss durch seine eigene innere Anstrengung, durch seine eigene Kraft dahin kommen, das Geistige zu finden, während früher das Geistige von Jahr zu Jahr, je älter man geworden ist, hervorgesprossen ist.

So stehen wir heute einmal vor der Situation, dass wegen all der Umstände, die ich eben in der letzten Zeit auseinandergesetzt habe, von den älteren Leuten nicht mehr dasjenige betont wurde, was sie einfach dadurch sind, dass sie älter sind. Man blieb bei jenem Intellektualismus stehen, der ungefähr bis zu dem 18., 19. Jahr sich so weit entwickeln kann, dass man von da ab intellektualistisch «wissen» kann. Aber in Bezug auf das Intellektualistische kann man höchstens zu größerer Übung, aber nicht zu einem qualitativen Fortschritt kommen.

Hat man überhaupt einmal von dieser Sünde gegessen, intellektualistisch alles beweisen oder alles widerlegen zu wollen, so erlebt man in diesem Beweisen oder Widerlegen keinen Fortschritt mehr. Daher kommt es, dass wenn jemand kommt und aus jahrzehntelanger Erfahrung heraus etwas bringt, es aber intellektualistisch beweisen will, dass dann ein Achtzehnjähriger ihn intellektuell widerlegen kann. Dasjenige, was man intellektualistisch im 60. Lebensjahr kann, das kann man auch schon im 19., denn der Intellektualismus ist eben etwas, was man ein-

47

mal als eine Etappe während der Bewusstseinsseelenzeit erreicht, was aber keinen Fortschritt mehr im Sinne einer Vertiefung, sondern nur im Sinne der Übung erfährt. Da kann der junge Mensch sagen: «Ich bin noch nicht so gescheit wie du, du kannst mich noch übertölpeln.» Aber er wird nicht glauben, dass der andere auf dem Gebiet des Intellektualismus irgendetwas mehr vermag.

Man muss diese Dinge radikal aussprechen, damit sie deutlich werden. Ich will Ihnen keine Kritik sagen, sondern ich sage das nur deshalb, weil das eine naturgemäße Entwicklung der Menschheit ist und weil wir uns klar darüber sein müssen, wie das heutige Zeitalter ist: Dass wenn der Mensch nicht aus innerer Aktivität heraus eine Entwicklung anstrebt und diese Entwicklung wach erhält, er dann mit dem bloßen Intellektualismus von den zwanziger Jahren an einzurosten beginnt. Dann bekommt er nur noch Anregungen von außen, erhält sich künstlich durch Anregungen von außen. Was glauben Sie: Wenn die Sache nicht so wäre, würden dann die Leute auch so zahlreich ins Kino laufen? Diese Sehnsucht nach dem Kino, diese Sehnsucht, überhaupt alles auf eine äußerliche Weise zu sehen, beruht ja darauf, dass der Mensch innerlich inaktiv, untätig geworden ist, dass der Mensch gar nicht mehr innere Aktivität will.

Geisteswissenschaftliche Vorträge, wie sie hier gemeint sind, können nur so angehört werden, dass diejenigen, die dabei sind, immerfort mitarbeiten. Aber das liebt man ja heute nicht. Heute läuft man besonders stark zu den Vorträgen oder Veranstaltungen, wo da steht: «Mit Lichtbildern», damit man dasitzen und die Denktätigkeit möglichst in Ruhe lassen kann. Alles läuft da so nur an einem vorbei. Man kann ganz in Passivität sein.

Aber schließlich ist ja auch unser Unterricht darauf abgestimmt, und man könnte jeden einen rückständigen Menschen nennen, der sich aus pädagogischen Gründen gegen die Trivialität des heutigen «Anschauungsunterrichts» einfach aufbäumt. Aber das muss man, denn der Mensch ist nicht bloß ein «Anschauungsapparat», ein Apparat, der bloß anschauen will. Der Mensch ist etwas, was nur in innerer Aktivität leben kann. Etwas Geisteswissenschaftliches anhören heißt: den Menschen einladen, seelisch mitzuarbeiten. Das wollen aber die Menschen heute nicht.

dass der Mensch innerlich inaktiv, untätig geworden ist, dass der Mensch gar nicht mehr innere Aktivität will.

Alle Geisteswissenschaft muss zu einer solchen inneren Aktivität einladen, das heißt, sie muss alle Betrachtungen bis zu dem Punkt hin führen, wo man keine Anhaltspunkte mehr an dem äußerlich-sinnlichen Anschauen hat, wo sich dann das innere Kräftespiel frei bewegen muss. Erst dann, wenn das Denken zuerst sich im inneren Kräftespiel frei bewegen kann, kann man zur Imagination kommen, nicht vorher.

Die Grundlage für alle anthroposophische Geisteswissenschaft ist die innere Aktivität, ist das Aufrufen zu innerer Aktivität, ist das Appellieren an das im Menschen, was auch dann noch tätig sein kann, wenn alle Sinne schweigen und nur die Denktätigkeit in Regsamkeit ist.

Da liegt aber etwas außerordentlich Bedeutsames vor. Stellen Sie sich jetzt einmal vor, Sie könnten das. Ich will Ihnen nicht schmeicheln und Ihnen sagen, Sie können es, aber setzen Sie zunächst einmal die Hypothese, Sie könnten so denken, dass Ihre Gedanken nur ein innerer Gedankenfluss wären. Wenn ich in meiner *Philosophie der Freiheit* vom «reinen Denken» spreche, so war diese Bezeichnung schon für die damaligen Kulturverhältnisse deplatziert (fehl am Platz). Denn Eduard von Hartmann sagte mir einmal: «Das gibt es gar nicht, man kann nur anhand der äußeren Anschauung denken!»

Ich konnte ihm auch nur sagen: «Man muss es nur probieren und man wird es schon lernen und dann auch wirklich können.» Nehmen Sie also als Hypothese, Sie können Gedanken im reinen Gedankenfluss haben. Da beginnt für Sie der Moment, wo Sie das Denken bis zu einem Punkt geführt haben, wo es gar nicht mehr Denken genannt zu werden braucht, denn es ist eben im Handumdrehen – sagen wir, «im Denkumdrehen» – etwas anderes geworden.

Es ist nämlich dieses mit Recht *reines Denken* genannte Denken eigentlich zugleich *reiner Wille* geworden, denn es ist durch und durch Wille. Sind Sie im Seelischen so weit gekommen, dass Sie das

> Die Grundlage für alle anthroposophische Geisteswissenschaft ist die innere Aktivität, ist das Aufrufen zu innerer Aktivität, ist das Appellieren an das im Menschen, was auch dann noch tätig sein kann, wenn alle Sinne schweigen und nur die Denktätigkeit in Regsamkeit ist.

50

Es ist nämlich dieses mit Recht *reines Denken* genannte Denken eigentlich zugleich *reiner Wille* geworden, denn es ist durch und durch Wille.

Denken von der äußeren Anschauung befreit haben, dann ist es damit zugleich reiner Wille geworden. Sie schweben, wenn ich so sagen darf, mit Ihrem Seelischen im reinen Gedankenverlauf, aber dieser reine Gedankenverlauf ist zugleich ein Willensverlauf. Damit aber beginnt schon die Ausübung – oder die Anstrengung zur Ausübung – des reinen Denkens, nicht nur eine Denkübung zu sein, sondern eine Willensübung zu sein, und zwar eine Willensübung, die bis in das Zentrum des Menschen geht.

Denn Sie werden die merkwürdige Beobachtung am Menschen machen: Jetzt können Sie eigentlich erst davon sprechen, dass das Denken, wie man es im gewöhnlichen Leben hat, eine Kopftätigkeit ist. Sie haben ja vorher gar kein Recht, davon zu sprechen, dass das Denken eine Kopftätigkeit ist, denn das wissen Sie nur äußerlich aus der Physiologie, Anatomie und so weiter. Aber jetzt spüren Sie es innerlich: Sie denken nicht mehr so hoch oben, sondern Sie beginnen zuerst mit der Brust zu denken.

Sie verweben tatsächlich Ihr Denken mit dem Atmungsprozess. Tatsächlich regen Sie damit das an, von selber an, was die Jogaübungen künstlich angestrebt haben. Sie merken, dass indem das Denken immer mehr und mehr eine Willensbetätigung wird, es sich zuerst der Menschenbrust und dann dem ganzen Menschenkörper entringt. Es ist, als ob Sie dieses Denken aus der letzten Zellfaser Ihrer großen Zehe hervorziehen würden.

Und wenn Sie mit innerem Anteil so etwas wie meine *Philosophie der Freiheit* studieren, was mit allen Unvollkommenheiten in die Welt getreten ist, wenn Sie so etwas auf sich wirken lassen und fühlen, was dieses reine Denken ist, so fühlen Sie, dass ein neuer innerer Mensch in Ihnen geboren wird, der aus dem Geist Willensentfaltung herausbringen kann.

Und wenn Sie mit innerem Anteil so etwas wie meine *Philosophie der Freiheit* studieren … und fühlen, was dieses reine Denken ist, so fühlen Sie, dass ein neuer innerer Mensch in Ihnen geboren wird, der aus dem Geist Willensentfaltung herausbringen kann.

Woher weiß denn der Mensch vorher, dass er einen Willen hat? Er hat ihn gar nicht! Denn er ist an Instinkte hingegeben, die mit seiner organischen Entwicklung zusammenhängen. Er träumt oftmals, dass er dies oder jenes aus einem seelischen Antrieb heraus tut. Er tut es aber, weil sein Magen gut oder schlecht gestimmt ist.

Jetzt aber wissen Sie, dass Sie den physischen Organismus mit demjenigen durchdrungen haben, was ihn auch mit Bewusstsein ausfüllt. Dazu brauchen Sie kein Hellseher zu werden. Sie brauchen lediglich mit innerem Anteil die *Philosophie der Freiheit* auf sich wirken zu lassen. Denn diese *Philosophie der Freiheit* kann nicht so gelesen werden, wie sonst heute Bücher gelesen werden. Sie muss schon so gelesen werden, dass man das Gefühl hat, sie ist ein Organismus, es entwickelt sich ein Glied aus dem anderen und man gerät in etwas Lebendiges hinein, wenn man in diese *Philosophie der Freiheit* hineinkommt. Gleich kriegen die Leute, wenn ihnen so etwas zugemutet wird, eine Art von

Gänsehaut. Sie sagen: «Da kommt ein gewisses Etwas in mich hinein, da werde ich ja gerade unfrei. Es kommt etwas in mich hinein, was ich nicht haben will.»

Diejenigen, welche solche Gedanken hegen, sind gleich denjenigen, die sagen würden, dass wenn der Mensch sich dazu bequemen müsste, in zwei oder drei Jahren in einer bestimmten Sprache sich auszudrücken, dass man ihn dadurch unfrei macht. Man sollte den Menschen, um ihn ja nicht in diese zwangsläufigen Ideenassoziationen hineinzubringen, vor jener Sprache bewahren, denn dadurch würde er unfrei. Er müsste beliebig bald chinesisch, bald französisch oder deutsch sprechen können.

Das sagt kein Mensch, weil es zu absurd ist, weil das Leben diesen Unsinn widerlegen würde. Dagegen gibt es Leute, die hören vielleicht etwas, sehen vielleicht auch etwas von Eurythmie und sagen dann, das beruht auf zwangsläufigen Ideenassoziationen Einzelner. Man sollte doch bei solchen Leuten so viel Fähigkeit voraussetzen, dass sie sich sagen können: Bei dieser Eurythmie muss man erst untersuchen, ob es da nicht gerade so ist, dass mit dem Hervorholen dieser Gebärden erst die Begründung einer höheren Freiheit erfolgt, dass das nur die Entfaltung eines Sprachlichen auf einem höheren Niveau ist.

Also man braucht sich nicht zu wundern – da ja heute nichts dergleichen, was über das Intellektualistische hinausgeht, unbefangen betrachtet werden kann –, dass die Leute eine Gänsehaut bekommen, wenn man ihnen sagt: «Es muss ein Buch ganz anders gelesen werden als andere Bücher, es muss so gelesen werden, dass man etwas dabei erlebt.»

Und was muss erlebt werden? Das Erwachen des Willens aus dem Geistigen heraus. In dieser Beziehung sollte mein Buch ein Erziehungsmittel sein. Es wollte nicht bloß über einen Inhalt sprechen, sondern es wollte auf eine gewisse Art sprechen, so sprechen, dass es als Erziehungsmittel wirken kann. Daher finden Sie in meiner *Philosophie der Freiheit* eine Auseinandersetzung über Begriffskunst, das heißt eine Schilderung, wie es im menschlichen Seelenleben ist, wenn man eben mit seinen Begriffen sich nicht bloß an die äußeren Eindrücke hält, sondern im freien Gedankenstrom lebt.

Und was muss erlebt werden? Das Erwachen des Willens aus dem Geistigen heraus.

Das, meine lieben Freunde, ist eine Tätigkeit, die in einem viel tieferen Sinne auf Erkenntnis abzielt als jede äußere Naturerkenntnis, aber es ist zu gleicher Zeit eine Tätigkeit, die künstlerisch ist, die ganz identisch ist mit der künstlerischen Tätigkeit. Sodass in dem Augenblick, wo das reine Denken als Wille erlebt wird, der Mensch in künstlerischer Verfassung ist.

Und das, meine lieben Freunde, ist zu gleicher Zeit die Verfassung, die wir für den heutigen Pädagogen brauchen, wenn er die Jugend etwa vom Zahnwechsel bis zur Geschlechtsreife oder sogar darüber hinaus leiten und führen will.

Es ist dies die Stimmung, dass man aus dem Seelisch-Inneren heraus zu einem zweiten Menschen kommt, der nicht so wie der äußere physische Leib erkannt werden kann, den man nicht im Leben oder nach dem Leben physiologisch oder anatomisch studieren kann, sondern der *erlebt* werden muss und daher mit Recht «Lebensleib» oder «Ätherleib» genannt wird. Der kann nicht auf dem äußerlich anschaulichen Weg erkannt werden, der muss innerlich erlebt werden. Es muss, um ihn zu erkennen, eine Art künstlerischer Tätigkeit entfaltet werden. Daher ist jene Stimmung – die die meisten gar nicht entdecken – in der *Philosophie der Freiheit,* dass sie überall an das Künstlerische anschlägt.

Nur finden es die meisten Menschen nicht heraus, weil sie das Künstlerische im Trivialen, im Naturalistischen suchen und nicht in der freien Betätigung. Aber erst aus dieser freien Betätigung kann man die Pädagogik als Kunst erleben und der Lehrer kann erst dadurch zum pädagogischen Künstler werden, dass er sich in diese Stimmung hineinfindet.

Dann kommt das, dass der ganze Unterricht in diesem unserem Zeitalter der Bewusstseinsseele wirklich darauf angelegt sein wird, eine künstlerische Atmosphäre zwischen den geführten Menschen und den Führern zu schaffen. Und innerhalb dieser künstlerischen Atmosphäre kann sich jenes Verhältnis des Geführten zum Führer ausbilden, das wiederum ein Anlehnen ist, ein Hinneigen zum Führer, weil man weiß, der kann etwas, was er einem künstlerisch zeigen kann, und was er kann – so fühlt man –, möchte man auch können. Dann bäumt man sich nicht auf, weil man fühlt, dass man sich selbst vernichten würde, wenn man sich aufbäumte.

... es steckt ja im Kind drinnen schon immer ein Gescheiterer als der Lehrer!

55

Bei der Art und Weise, wie heute Schreiben gelehrt wird, ist es oftmals so, dass man schon als Kind – es steckt ja im Kind drinnen schon immer ein Gescheiterer als der Lehrer! – sagt: «Warum soll ich mich quälen zu schreiben, ich habe ja gar keine Beziehung dazu!», ähnlich wie die nordamerikanischen Indianer empfunden haben, als sie die europäische Schrift gesehen haben. Sie haben die schwarzen Zeichen als Zauberei empfunden. So ähnlich ist schon die Empfindung des Kindes.

Aber man rufe im Kind einmal wach, was es heißt: Schwarz, Rot, Grün, Gelb, Weiß anzuschauen. Man rufe im Kind ein Gefühl dafür hervor, was es heißt, wenn ein Punkt von einem Kreis umlaufen wird. Das ganz ungeheure Empfinden von den Unterschieden rufe man hervor, die bestehen, wenn man zwei grüne Kreise und in jedem drei rote macht, dann zwei rote Kreise und in jedem drei grüne, dann zwei gelbe Kreise und in jedem drei blaue, dann zwei blaue Kreise und in jedem drei gelbe! Man lässt die Kinder an dem Farbigen empfinden, was die Farben vor allen Dingen zu den Menschen sprechen, denn in der Farbenwelt liegt eine ganze Welt. Aber man lässt sie auch empfinden, was die Farben einander zu sagen haben. Man lässt sie empfinden, was Grün dem Rot, was Blau dem Gelb, was Blau dem Grün und Rot dem Blau sagt – das sind ja die wunderbarsten Verhältnisse, die die Farben zueinander haben. Man macht die

Sache nicht so, dass man einem Kind Symbole oder Allegorien zeigt, sondern man macht es künstlerisch.

Dann wird man sehen, wie das Kind allmählich aus diesem künstlerischen Empfinden heraus Figurales (Bildhaftes) auf die Fläche bringt, aus dem sich die Buchstaben dann so entwickeln, wie sich einmal die Schrift aus der Bilderschrift entwickelt hat.

Wie fremd ist heute für das Kind ein B oder ein G oder irgendein anderes solches Zeichen, das sich aus innerlicher Notwendigkeit zu der heutigen Gestalt entwickelt hat! Was ist heute für ein Kind mit sieben Jahren ein G, ein K oder ein U? Es hat doch nicht das geringste Verhältnis dazu. Der Mensch hat ja erst durch Jahrtausende hindurch dieses Verhältnis gewonnen. Das Kind muss auf ästhetische Weise ein Verhältnis dazu gewinnen. Es wird sonst alles Menschliche im Kind ausgerottet, weil die Schriftzeichen unmenschlich sind. Und das Kind will menschlich bleiben.

Das, was heute gesagt werden muss, geht in die Intimitäten der pädagogischen Kunst hinein, wenn man die Jugend gegenüber dem Alter verstehen will. Nicht aus Phrasen, sondern aus einer pädagogischen Kunst heraus, die sich nicht scheut, sich auf wirkliche geisteswissenschaftliche Erkenntnis zu stützen, da heraus muss man die Kluft zwischen dem Alter und der Jugend überbrücken.

Daher sagte ich vor einigen Tagen: Worauf geht die Kunst? Sie geht auf ein Erleben des realen Geistigen. Und worauf geht dasjenige, was das Zeitalter allmählich entwickelt hat, sodass

> Was ist denn für ein Kind
> ein G, ein K, ein U?
> Es hat mit sieben Jahren
> doch kein Verhältnis dazu!

es glaubt, es selbstverständlicherweise an die Jugend heranbringen zu müssen? Worauf geht das? Das geht nicht auf den Geist, sondern auf das Geistlose. Das betrachtet es als eine Sünde: den Geist an dasjenige heranzutragen, was man Wissen und Wissenschaft nennt.

Diese Wissenschaft lässt die Menschen schon in der ersten Kindheit nicht ungeschoren. Es kann ja auch nicht viel anders sein, denn wenn man in botanischer Systematik dressiert wird, wenn es Bücher gibt, die nur in botanischer Systematik drinnen leben, dann glaubt der Lehrer, dass er eine Sünde begeht, wenn er in einer anderen Weise zu den Kindern spricht, als wie es in der wissenschaftlichen Botanik steht. Aber das, was in jener Botanik steht, kann nicht für ein Kind bis zu zehn Jahren sein, sondern man kann dazu höchstens nach dem 18., 19. Jahr ein Verhältnis gewinnen. So ist es einmal!

Worauf geht die Kunst? Sie geht auf ein Erleben des realen Geistigen.

Und nun soll durch dasjenige, was ich sage, nicht wieder eine intellektuelle Theorie über Erziehung geschaffen werden, sondern es soll eine künstlerische Atmosphäre zwischen Älteren und Jüngeren geschaffen werden. Wenn dies aber geschehen wird, tritt etwas ein, was eintreten muss, wenn in gesunder Weise der heutige junge Mensch in die Welt hineinwachsen soll.

Und worauf geht dasjenige, was das Zeitalter allmählich entwickelt hat ...? Das geht ... auf das Geistlose.

Dasjenige, wohinein die heutigen Menschen wachsen, kann man ganz konkret beschreiben. Zwischen dem 9. und 10. Jahr lebt in der Seele eines jeden Menschen, der nicht Psychopath ist, ein unbestimmtes Gefühl. Es braucht kein deutlicher, nicht einmal ein undeutlicher Begriff davon vorhanden zu sein. Aber es beginnt vom 9., 10. Lebensjahr an im Menschen zu leben. Bis dahin hat das, was man den «Astralleib» nennt, allein im Menschen das Seelenleben besorgt.

Von da ab regt sich erst die Ichnatur, die Ichkraft im Menschen. Und dieses Regen der Ichkraft im Menschen lebt nicht in Begriffen formuliert. Aber in der Empfindung, tief in der Seele sitzend, recht unbewusst, lebt sich in das Gemüt des heranwachsenden Menschen eine Frage herein. Diese Frage ist bei dem einen Menschen diese und bei dem anderen jene, aber irgendeine Frage taucht auf, die, in einen Begriff gefasst, vielleicht so lauten würde: «Bisher hat mein Astralleib an die anderen Menschen geglaubt. Jetzt brauche ich irgendetwas, was mir einer sagt, sodass *ich selber* an ihn oder an mehrere Menschen in meiner Umgebung glauben kann.» Diejenigen, die sich als Kinder am meisten gegen so etwas auflehnen, die brauchen es am allermeisten.

Zwischen dem 9. und 10. Jahr beginnt man darauf angewiesen zu sein, sein Ich an einem älteren Menschen befestigt zu kriegen, an den man glauben kann, ohne dass einem dieser Glaube eingebläut zu werden braucht, an den man durch die artistische Atmosphäre glauben kann, die geschaffen worden ist. Und wehe, wenn diese Frage, die sich bei manchen Kindern bis zum 16., 17. Jahr erhalten kann – ja bei manchen bis zu jener Altersgrenze, von der ich gestern gesprochen habe, bis zum 18., 19. Jahr –, wehe, wenn nichts geschehen ist, dass diese Frage dem jungen Menschen von einem alten in richtiger Weise beantwortet worden ist, sodass der junge Mensch sich sagt: «Ich bin dankbar dafür, dass ich von dem Alten habe erfahren können, was nur von dem Alten erfahren werden kann. Das, was er mir sagen kann, kann nur er mir sagen, denn es wird schon anders sein, wenn ich es in seinem Alter erfahren werde.» Dadurch kann in pädagogischer Weise wiederum etwas geschaffen werden, was in richtiger Weise angewendet für das Bewusstseinsseelenzeitalter von größter Bedeutung werden kann und was im urältesten Patriarchenzeitalter zwischen Jung und Alt webte. Da sagte sich jeder junge Mensch: «Der Alte mit seinem Schnee auf dem Haupt hat Erfahrungen, die man nur dann machen kann, wenn man ebenso alt geworden ist wie er. Vorher hat man nicht die Organe dazu. Daher muss er seine Erfahrungen einem sagen. Daher ist man mit seinen Angaben verknüpft, weil nur er sie einem sagen kann. Gewiss werde ich einmal ebenso alt werden wie er, aber ich werde es erst fünfunddreißig bis vierzig Jahre später erfahren. Da ist die Zeit weitergeschritten und da werde ich etwas anderes erfahren. Dasjenige, was ich von ihm erfahren will, das kann ich nur von ihm erfahren.»

Da gibt es auf geistigem Gebiet etwas, was sich mit dem Saugen an der Mutterbrust vergleichen lässt, wo sich der Säugling sagen kann: «Ich werde auch einmal die Mutterbrust dem Kind reichen, aber jetzt muss ich sie von der Mutter gereicht bekommen.» So ist es auch im Geistesleben.

Da ist es so, dass gleichsam in den Untergründen des Geisteslebens der Welt liegend eine Kette ist, die von der

Vergangenheit in die Zukunft herüberreicht und die von den Generationen in sich selbst aufgenommen werden muss, fortgetragen werden muss, fortgeschmiedet, fortgebildet werden muss. Diese Kette ist im intellektualistischen Zeitalter unterbrochen worden. Das ist im weitesten Umfang von dem heranwachsenden Menschen um die Wende des 19. zum 20. Jahrhundert gefühlt worden.

Fühlen Sie, dass Sie so etwas gefühlt haben, wenn Sie es damals auch nicht haben ausdrücken können! Fühlen Sie, dass indem Sie das so fühlen, Sie in der richtigen Weise darüber fühlen! Und wenn Sie das fühlen, werden Sie die richtige Bedeutung der heutigen Jugendbewegung erleben, jener Jugendbewegung, welche einen Januskopf (Zweigesichterkopf) hat und haben muss, weil sie auf das Erleben des Geistigen hingewiesen wird – ein Erleben des Geistigen, das den Gedanken so weit verfolgt, dass er zum Willen, zum innersten Menschenimpuls wird.

Jetzt haben wir den Willen an seinem abstraktesten Ende, beim Gedanken, aufgesucht. Wir wollen ihn nun noch in den tieferen Gebieten des Menschen in den folgenden Tagen aufsuchen.

Und nun soll durch dasjenige, was ich sage, nicht wieder eine intellektuelle Theorie über Erziehung geschaffen werden, sondern es soll eine künstlerische Atmosphäre zwischen Älteren und Jüngeren geschaffen werden.

Dritter Vortrag

Erziehung zum Menschen

Stuttgart, 13. Oktober 1922

Meine lieben Freunde!

Wenn auf der einen Seite im Zeitalter der Entwicklung der Bewusstseinsseele im Inneren des Menschen auch das allerabstrakteste Element bewusst zum Leben kommt, so besteht auf der anderen Seite doch wiederum die Tatsache, dass im Unterbewussten, in den Sehnsüchten, in demjenigen, was der Mensch vom Leben begehrt, das Allerkonkreteste sich zum Dasein herausarbeiten will.

Auf der einen Seite steckt heute der Mensch, der in das Bewusstseinsseelenzeitalter hineinwächst, in seinen abstrakten Kopfideen drinnen. Auf der anderen Seite aber lebt – wenn ich mich so ausdrücken darf – «außerhalb des Kopfes» des Menschen das Begehren, mehr zu erleben, als was der Kopf erleben kann.

Mit der Natur hat ja der Mensch zunächst nur ein Verhältnis, das sich eben zwischen seinem Kopf und der Natur bildet. Alles dasjenige, was der Mensch heute in seiner Wissenschaft aufnimmt, ist, insofern er es für gültig ansieht, durch den Kopf an der Natur erworben. Es steht heute eigentlich immer zwischen dem Menschen und der Natur der Kopf des Menschen.

Es ist so, als ob alles dasjenige, was von der Welt an den Menschen herankommt, sich im Kopf zusammenschoppen würde, als ob der Kopf ganz verstopft wäre, sodass er durch seine dicken Schichten nichts von dem durchlässt, was Verhältnis zur Welt werden kann. Es bleibt alles im Kopf stecken, man denkt alles nur mit dem Kopf.

Aber man kann doch nicht als bloßer Kopf leben. Man hat eben, an den Kopf angewachsen, noch den übrigen Organismus. Das Leben dieses übrigen Organismus bleibt dumpf, unbewusst, weil der Mensch alles nach dem Kopf hinleitet. Denn da stockt alles, der übrige Mensch hat nichts von der Welt, weil der Kopf ihm nichts zukommen lässt.

Der Kopf ist allmählich ein Nimmersatt geworden: Er will alles von der Außenwelt haben und der Mensch muss dann mit seinem Herzen, mit seinem übrigen Organismus so leben, als ob er überhaupt gar nicht in diese Welt hereingekommen wäre, als ob er gar nichts mit seiner Umwelt zu tun hätte.

Aber dieser übrige Organismus entwickelt eben Wunsch, Wille, Begehrungsvermögen – und die fühlen sich dann vereinsamt. Weil die Augen alle Farben auffangen und nur noch im Kopf einen spärlichen Rest von Farben erleben lassen, so können die Farben nicht hinunter, sie können nicht ins Blut, sie können nicht in das außerhalb des Kopfes befindliche Nervensystem. Der Mensch weiß nur noch in seinem Kopf etwas von der Welt.

Das ist … etwas, was in dem heranwachsenden Menschen lebt: Dieses Begehren … denken zu lernen nicht nur mit dem Kopf, sondern mit dem ganzen Menschen, die Welt erfahren zu lernen nicht nur mit dem Kopf, sondern mit dem ganzen Menschen.

Ein umso intensiveres Begehrungsvermögen hat er aber, mit seinem übrigen Organismus in irgendeiner Weise mit der Welt doch zusammenzukommen. Das ist wiederum etwas, was in dem heranwachsenden Menschen lebt: Dieses Begehren, nicht nur mit dem Kopf, sondern auch mit dem übrigen Organismus sich mit der Welt irgendwie zusammenzufinden, denken zu lernen nicht nur mit dem Kopf, sondern mit dem ganzen Menschen, die Welt erfahren zu lernen nicht nur mit dem Kopf, sondern mit dem ganzen Menschen.

Sehen Sie, dieses Vermögen, die Welt mit dem ganzen Menschen zu erfahren, haben heute die Menschen eigentlich nur noch in dem Lebensalter, das sie früh verlassen müssen. Denn alles das, was ich jetzt gesagt habe, bezieht sich auf den erwachsenen Menschen. Das Kind hat vor seinem Zahnwechsel noch die Fähigkeit, mit seinem ganzen Menschen die Welt aufzufassen. Das zeigt sich zum Beispiel schon darin, dass man sich sehr irren würde, wenn man glaubte, dass das Kind so abstrakt wie der erwachsene Mensch das erlebt, wenn es als Säugling die Milch bekommt.

Wenn der Mensch heute als Erwachsener Milch trinkt, so schmeckt er sie auf seiner Zunge, vielleicht noch in einiger Umgebung der Zunge, aber er verliert das Geschmackserlebnis, wenn die Milch durch die Kehle durchgegangen ist. Der Mensch müsste sich fragen, warum sein Magen weniger schmecken können sollte als sein Gaumen. Er kann auch nicht weniger schmecken, er kann ebenso gut schmecken, nur ist der Kopf ein Nimmersatt, der nimmt beim erwachsenen Menschen alle Geschmäcke in Anspruch.

Das Kind aber schmeckt mit seinem ganzen Organismus, es schmeckt auch mit dem Magen. Der Säugling ist ganz Sinnesorgan, es ist gar nichts in ihm, was nicht Sinnesorgan wäre. Durch und durch schmeckt der Säugling, nur vergisst das der Mensch später. Und dieses Schmecken wird einem schon wenn man sprechen lernt beeinträchtigt. Denn da regt sich der Kopf, der sich am Sprechenlernen beteiligen muss, und entwickelt das erste Stadium seiner Unersättlichkeit. Dafür, dass er sich dazu hergibt, sprechen zu lernen, dafür behält er sich das Wohltuende des Schmeckens zurück.

Kurz, selbst in Bezug auf dieses «Die-Welt-Schmecken» geht einem das Verhältnis zur Welt schon sehr frühzeitig verloren. Nun kommt es ja auf dieses Die-Welt-Schmecken nicht so besonders viel an. Aber in anderer Beziehung kommt eben auf *ein totales menschliches Verhältnis zur Welt* wirklich außerordentlich viel an.

Sehen Sie, man kann zum Beispiel einen bedeutenden Philosophen wie Johann Gottlieb Fichte auf verschiedene Art kennenlernen. Jede Art ist richtig, ich will nur die folgende besonders hervorheben, von der ich erzählen will. Wenn es auch etwas außerordentlich Schönes ist, sich in die Philosophie Fichtes zu vertiefen – was ja heute nicht sehr viele Leute mehr tun, weil es ihnen zu schwer ist –, und man davon

[Es] kommt eben auf *ein totales menschliches Verhältnis zur Welt* wirklich außerordentlich viel an.

66

sehr viel hat, mehr hätten diejenigen Menschen davon haben können, die einmal mit totaler menschlicher Empfindung jenem Fichte nachgegangen wären und gesehen hätten, wie er mit seiner ganzen Fußsohle, besonders mit der Ferse fest aufgetreten ist.

Die Empfindung von diesem Auftreten Johann Gottlieb Fichtes, von diesem eigentümlichen Aufstellen der Ferse auf die Erde, ist etwas, in das eine ungeheure Kraft hineingelegt ist. Für diejenigen Menschen, die mit jedem Schritt miterleben können, wäre das eine noch intensivere Philosophie gewesen, wenn man es total menschlich empfindet, als alles das, was Fichte vom Katheder herab den Leuten hat sagen können. Es nimmt sich grotesk aus, aber vielleicht werden Sie fühlen, was ich damit sagen will.

Solche Dinge sind den Menschen heute ganz verloren gegangen. Höchstens dass man, wenn man nicht gerade vor zwanzig Jahren, sondern vor fünfzig Jahren ein kleiner Junge war, sich noch daran erinnern kann, wie eine solche Philosophie allerdings draußen bei den Leuten auf dem Land noch vorhanden war. Da lernten die Leute einander noch so kennen, und mancher Ausdruck im Dialekt verrät in einer ungeheuren Plastik, wie man dasjenige, was heute die Menschen nur im Kopf sehen, im ganzen Menschen gesehen hat.

Ich war zum Beispiel oft in der Lage, dass mir jemand auf dem Land von irgendeiner Dame gesagt hat: «Die schnäuzt daher.» Ja, unter uns Kopfmenschen bedeutet «schnäuzen» sich die Nase putzen, vielleicht auf eine nicht ganz stubenreine Weise. Das hat es damals nicht geheißen, da schnäuzte der ganze Mensch. Die Art und Weise, wie er ging, wie er sich verhielt, wie er seine Füße voreinandersetzte, diese ganz besondere Art, wie der gewisse Mensch das machte, das war «schnäuzen». Ein Schnäuzen am ganzen Menschen, das man mit jenem nicht ganz stubenreinen Sich-die-Nase-Putzen verwandt fand.

Wie gesagt, die Dinge sind verloren gegangen. Die Menschen haben sich auf die Köpfe reduziert, und man hat sich zu dem Glauben hindurchgerungen, dass der Menschenkopf das Allerwertvollste beim Menschen sei. Aber man ist damit nicht am allerglücklichsten geworden, weil eben die übrige Menschennatur im Unterbewussten ihre Ansprüche durchaus geltend macht.

Aber das Miterleben durch etwas anderes als durch den Kopf geht eben heute dem Menschen mit seiner ersten Kindheit, mit dem Zahnwechsel, ganz verloren. Sie werden, wenn Sie dafür ein Auge haben, den Tritt des Vaters oder der Mutter, je nachdem, auch nach zwei bis drei Jahrzehnten noch bei Sohn oder Tochter finden können. So genau hat sich das Kind in die Erwachsenen in seiner Umgebung eingelebt, dass zu seiner eigenen Natur geworden ist, was es da empfunden hat.

Aber dieses Einleben ist nicht mehr Kultur bei uns. Kultur ist dasjenige, was der Kopf beobachtet und was man mit Hilfe des Kopfes ausarbeiten kann. Manch-

Die Volksschulerziehung der Zukunft muss darauf beruhen, dass auf dem Umweg über das Künstlerische … die jungen Menschen die Fähigkeit erwerben, durch den äußeren Menschen hindurch das ganze Seelische des anderen Menschen empfinden zu können.

mal dispensieren (entlassen) die Leute auch noch den Kopf, dann schreiben sie sich alles auf und legen es in die Archive. Da geht es aus dem Kopf heraus in die Haare hinein, und da können sie es nicht halten, weil sie mit dreißig Jahren schon keine Haare mehr haben.

Das alles sage ich aber wirklich nicht zum Spaß, ich sage es auch nicht, um irgendetwas zu kritisieren, denn das liegt in der notwendigen Entwicklung der Menschheit. Die Menschen mussten notwendigerweise so werden, um dasjenige, was sie nicht mehr auf eine natürliche Weise finden können, durch innere Anstrengung, durch innere Aktivität zu finden – mit anderen Worten, um zur Möglichkeit des Freiheitserlebnisses zu kommen.

Daher müssen wir einfach heute nach dem Zahnwechsel zu einem anderen Erleben der Umwelt übergehen als zu diesem «Mit-dem-ganzen-Menschen-Erleben», das bei den Kindern noch vorhanden ist. Die Volksschulerziehung der Zukunft muss darauf beruhen, dass auf dem Umweg über das Künstlerische, wie ich es auch gestern charakterisiert habe, die jungen Menschen die Fähigkeit erwerben, durch den äußeren Menschen hindurch das ganze Seelische des anderen Menschen empfinden zu können.

Wenn Sie den Menschen mit abstraktem wissenschaftlichem Inhalt erziehen wollen, so erlebt er nichts von Ihrer Seele. Der Mensch erlebt von Ihrer Seele nur etwas, wenn Sie ihm künstlerisch entgegentreten. Denn im Künstleri-

Der Mensch erlebt von Ihrer Seele nur etwas, wenn Sie ihm künstlerisch entgegentreten. Denn im Künstlerischen muss jeder individuell sein, im Künstlerischen ist jeder ein anderer.

schen muss jeder individuell sein, im Künstlerischen ist jeder ein anderer.

Wissenschaftlich ist ja gerade das das Ideal, dass jeder so wie der andere ist. Es wäre eine schöne Geschichte, sagen die Leute der Gegenwart, wenn jeder eine andere Wissenschaft lehrte. Nicht wahr, das kann ja nicht sein, weil die Wissenschaft auf dasjenige reduziert ist, was für alle Menschen gleich ist.

Im Künstlerischen ist jeder einzelne Mensch eine eigene Individualität. Dadurch kann aber auch ein persönliches, individuelles Verhältnis des Kindes zum künstlerisch sich regenden und betätigenden Menschen stattfinden. Und das muss stattfinden. Dadurch hat man allerdings nicht, wie in den ersten Kinderjahren, das totale Menschenempfinden als äußerer physischer Mensch, wohl aber die totale Menschenempfindung von der Seele desjenigen, der einem als Führer gegenübersteht.

Seele muss die Erziehung haben!

Seele muss die Erziehung haben! Und Seele kann man nicht haben als Wissenschaftler. Seele kann man nur durch dasjenige haben, was man künstlerisch tut. Seele kann man haben, wenn man die Wissenschaft durch dasjenige künstlerisch gestaltet, was die Art des Vorbringens ist – nicht durch den Inhalt der Wissenschaft, so wie heute die Wissenschaft aufgefasst wird.

Die Wissenschaft ist keine individuelle Angelegenheit. Daher begründet sie im volksschulpflichtigen Menschenalter kein Verhältnis des Führers und des Geführten. Der ganze Unterricht muss deshalb von Kunst, von menschlicher Individualität durchdrungen sein. Und mehr wert als alles ausgedachte Programmatische ist *die Individualität des Unterrichtenden* und Erziehers. Die muss in der Schule wirken.

Was bildet sich da eigentlich zwischen dem Führer und dem Geführten – wenn wir den Geführten in dem Lebensalter vom Zahnwechsel bis zur Geschlechtsreife auffassen –, was bindet da die beiden aneinander? Da bindet die beiden aneinander lediglich dasjenige, was der Mensch aus übersinnlichen geistigen Welten, aus seinem vorirdischen Dasein in das irdische Dasein mitbringt.

Meine lieben Freunde! Der Kopf erkennt das nicht an, was man als Mensch aus seinem vorirdischen Dasein mitbringt. Der Kopf ist daraufhin veranlagt, nur dasjenige zu erfassen, was auf der Erde ist. Und auf der Erde ist von dem Menschen eben nur der physische Mensch. Der Kopf begreift nichts von demjenigen, was einem vom anderen Menschen gegenübersteht und aus seinem vorirdischen Dasein stammt.

In jener besonderen menschlichen Nuance, die der künstlerische Einschlag der menschlichen Seele gibt, west und webt dasjenige, was der Mensch aus dem vorirdischen Dasein heruntergebracht hat. Und das Kind ist ganz besonders zwischen dem Zahnwechsel und der Geschlechtsreife

Der ganze Unterricht muss ... von Kunst, von menschlicher Individualität durchdrungen sein. Und mehr wert als alles ausgedachte Programmatische ist die Individualität des Unterrichtenden und Erziehers. Die muss in der Schule wirken.

dazu veranlagt, in seinem Herzen das zu empfinden, was in dem Unterrichtenden, in dem Lehrer, als aus dem vorirdischen Dasein stammend ihm gegenübersteht.

Hat das ganz kleine Kind die Neigung gehabt, die äußere menschliche Gestalt zu empfinden, wie sie sich innerhalb des Erdendaseins gebildet hat, so sucht das Kind – nicht durch theoretische Begriffe, sondern durch das Zusammenleben mit den Menschen – von seinem 7. bis zum 14. und 15. Jahr das, was sich nicht in Begriffe fassen lässt, sondern sich in dem führenden Menschen darlebt, was sich so darlebt, dass wenn man es in Begriffe fassen will, es sich gegen die Konturen sträubt, welche die Begriffe haben.

Begriffe haben Konturen, das heißt äußerliche Begrenzungen. Dasjenige aber, was in der eben geschilderten Art menschliche Individualität ist, hat nicht äußere Begrenzungen, hat nur Intensität, hat Qualität, ist etwas, was man als Qualität, als Intensität erlebt. Und man erlebt es ganz besonders in dem angedeuteten Lebensalter. Man erlebt es aber durch keine andere Atmosphäre als durch eine künstlerische Atmosphäre.

Aber, meine lieben Freunde, wir leben eben im Zeitalter der Bewusstseinsseele. Der erste Reichtum, den wir uns in diesem Zeitalter für die Seele erwerben, besteht eben in den intellektuellen Begriffen, besteht eigentlich in Abstraktionen. Heute ist ja schon der Bauer ein Abstraktling. Wie sollte er es auch nicht sein, da er

Und das Kind ist ganz besonders zwischen dem Zahnwechsel und der Geschlechtsreife dazu veranlagt, in seinem Herzen das zu empfinden, was ... in dem Lehrer ihm als aus dem vorirdischen Dasein stammend gegenübersteht.

Wir können nicht durch Studium ein Erzieher werden. Wir können andere zum Erzieher nicht dressieren, schon aus dem Grund nicht, weil jeder von uns einer ist.

sich der allerabstraktesten Lektüre hingibt, der Dorfzeitung und manchem anderen!

Unser Reichtum besteht eben gerade in Abstraktionen. Und daher müssen wir aus diesem Denken heraus – durch jene Entwicklung, die ich gestern angedeutet habe –, indem wir dieses Denken ganz reinigen und es zum Willen machen, zum Willen gestalten. Dazu müssen wir uns durchringen: kräftiger und kräftiger dasjenige zu machen, was unsere Individualität ist. Und das ergibt sich, wenn wir uns eben wirklich zu diesem *reinen Denken* durcharbeiten.

Ich sage es, wie schon angedeutet, nicht aus einer eitlen Albernheit, sondern weil mir das so erscheint: Derjenige, der sich zu einem solchen reinen Denken durcharbeitet, wie ich es in meiner *Philosophie der Freiheit* angedeutet habe, der wird finden, dass man es da ganz und gar nicht zu einem Haben von Begriffen bringt, die ein philosophisches System ausmachen, sondern dass es im Gegenteil ein Ergreifen seiner Individualität, seines vorirdischen Daseins ist.

Der Mensch braucht ja nicht gleich ein Hellseher zu sein – Hellseher ist er dann, wenn er es anschauen kann. Aber bestätigen kann er es, indem er jene Willensstärke gewinnt, die im reinen Gedankenfluss erworben wird. Da geht die Individualität heraus. Da fühlt man sich auch gar nicht wohl mit einem philosophischen System, wo so ein Begriff in den anderen eingreift und alles so feste Konturen hat, sondern man fühlt sich gedrängt, in einem Wesenden und

73

Webenden drinnen zu leben. Es ist die Aneignung einer besonderen Art, seelisch zu leben, was man davon hat, wenn man so etwas in der richtigen Weise durchlebt, wie das, was mit der *Philosophie der Freiheit* gemeint ist.

Und so ist es wirklich das Hereinnehmen des vorirdischen Daseins in das Leben des Menschen, was dadurch bewirkt werden kann. So ist es aber auch die Zubereitung zu dem Beruf des Lehrers, des Unterrichtenden, des Erziehers. Wir können nicht durch Studium ein Erzieher werden. Wir können andere zum Erzieher nicht dressieren, schon aus dem Grund nicht, weil jeder von uns einer ist.

Jeder Mensch ist ein Erzieher. Aber der Erzieher ist nicht wach im Menschen drinnen. Er schläft, er muss aufgeweckt werden, und das, was ich eben gesagt habe, ist das Mittel zum Aufwecken.

Was wir wachend sind, können wir nicht erst werden. Aber was wir sind, wenn wir schlafen, muss eben aufgeweckt werden, damit es sich betätigen kann. Der Erzieher schläft heute im Zeitalter der Bewusstseinsseele noch in jedem Menschen. Er muss aufgeweckt werden. Er wird aufgeweckt eben in der Atmosphäre des Artistischen, des Künstlerischen. Das bringt, wenn es entwickelt wird, den Unterrichtenden, den Erziehenden, als Menschen denjenigen näher, die er führen will. Und als Mensch muss er ihnen nahe kommen, menschlich muss der zu Erziehende von ihm etwas haben.

Es wäre grässlich, wenn jemand glauben wollte, er könne ein Erzieher dadurch sein, dass er viel weiß oder im

Jeder Mensch ist ein Erzieher.

Sinne des Wissens – was man heute ja sogar auch schon sagen kann – viel «kann». Das führt zu einer ungeheuren Absurdität. Diese Absurdität ergibt sich Ihnen, meine lieben Freunde, wenn Sie folgendes Bild bedenken. Da haben Sie eine Schulklasse. Es sind vielleicht dreißig Schüler in der Schulklasse. Unter diesen Schülern seien, sagen wir, zwei Genies oder auch nur eines, das genügt ja schon. Wir können nicht immer, wenn wir eine Schule zu versehen haben, just ein solches Genie als Lehrer hinstellen, dass *das künftige Genie* so viel von dem Lehrer lernen kann, wie es können muss. Sie werden vielleicht sagen, es macht nichts in der Volksschule, wenn da ein Genie ist, denn dann kommt es in die höhere Schule und da findet er ganz gewiss diese Genies als Lehrer. Das können Sie nicht sagen, denn die Erfahrung beweist das nicht. So muss man schon zugeben, dass durchaus der Fall eintreten kann, dass der Lehrer einer Klasse gegenübersteht, in der Kinder sind, die prädestiniert sind, gescheiter zu werden als er selber ist. Die pädagogische Aufgabe besteht darin, dass wir die Kinder nicht nur zu dem Grad der Gescheitheit bringen, den wir selber haben, sondern zu dem, der in ihnen veranlagt ist.

Wir können also als Erzieher unbedingt in die Lage kommen, etwas heranerziehen zu müssen, was uns überragt. Es ist wirklich unmöglich, die Schulen mit genügend Lehrern zu versorgen, ohne dass man das Prinzip einhält:

Der Erzieher schläft heute ... noch in jedem Menschen. Er muss aufgeweckt werden. Er wird aufgeweckt eben in der Atmosphäre des Artistischen, des Künstlerischen.

Die pädagogische Aufgabe besteht darin, dass wir die Kinder nicht nur zu dem Grad der Gescheitheit bringen, den wir selber haben, sondern zu dem, der in ihnen veranlagt ist.

Es macht nichts, wenn der Lehrer nicht so gescheit ist, wie der Schüler es einmal sein wird. Er wird deshalb doch ein guter Lehrer sein können, weil es nicht auf die Übermittlung von Wissen ankommt, sondern auf die Individualität, auf das vorirdische Dasein der Seele. Dann erzieht sich eigentlich das Kind selber an uns. Und das ist auch die Wahrheit: Wir erziehen nämlich gar nicht einmal in Wirklichkeit. Wir stören nur die Erziehung, wenn wir zu stark in die Erziehung unmittelbar eingreifen. Wir erziehen nur dadurch, wenn wir uns richtig benehmen, dass durch unser Benehmen das Kind sich selber erziehen kann.

Wir schicken das Kind in die Volksschule, damit wir die störenden Dinge wegschaffen. Der Lehrer soll dafür sorgen, dass die störenden Dinge weggeschafft werden, dass das Kind von den Umständen wegkommt, unter denen es sich nicht entwickeln kann. Deshalb müssen wir uns klar sein darüber: Hineinpfropfen können wir nichts in den Menschen durch Unterricht und Erziehung. Das gibt es gar nicht.

Aber wir können dasjenige tun, wodurch der Mensch wirklich dazu kommt, als Heranwachsender die Anlagen, die in ihm sind, selber hervorzuholen. Das können wir. Das können wir aber nur dann, wenn wir es nicht durch das tun, was wir wissen, sondern wenn wir es durch das tun, was sich innerlich regt, und zwar auf künstlerische Art regt.

Und selbst wenn einmal der Fall eintritt, dass wir als Lehrer und Erzieher nicht besonders genial sind, dann kann ein Lehrer noch immer, wenn er bloß eine Art instinktiv-künstlerischen Sinn in sich hat, dem Kind sogar weniger Hindernisse in seiner Seele zum Heranwachsen bieten als der Lehrer, der unkünstlerisch ist und ein ungeheurer Gelehrter ist. Das, ein ungeheurer Gelehrter zu sein, ist ja nicht schwer.

Man muss diese Dinge einmal mit aller Deutlichkeit aussprechen. Denn wenn man sie nicht mit Deutlichkeit ausspricht, hört sie unser Zeitalter nicht. Unser Zeitalter ist für solche Dinge furchtbar unempfänglich. Und bei denjenigen, die einem versichern, sie haben das alles verstanden, zeigt sich oftmals nach dreißig Jahren, dass sie gar nichts verstanden haben.

Also, es handelt sich darum, dass die seelische Konfiguration des Menschen das Wesentliche des pädagogischen Wirkens, des Unterrichtens und Erziehens, für das Lebensalter des Kindes vom Zahnwechsel bis zur Geschlechtsreife ausmacht. Und nachher tritt der Mensch in ein Lebensalter, in eine Lebensepoche ein, wo gerade im Zeitalter der Bewusstseinsseele noch tiefere Kräfte aus der Menschennatur heraufwirken müssen, wenn nur die Menschen aufeinander etwas geben sollen.

Sehen Sie, die Art und Weise der Empfindung, die ein Mensch dem anderen entgegen-

Hineinpfropfen können wir nichts in den Menschen durch Unterricht und Erziehung. Das gibt es gar nicht. Aber wir können dasjenige tun, wodurch der Mensch wirklich dazu kommt, als Heranwachsender die Anlagen, die in ihm sind, selber hervorzuholen. Das können wir.

bringt, ist ja etwas ungeheuer Kompliziertes. Und wenn Sie den Kreis von Sympathien und Antipathien, das Zusammenwirken der Sympathien und Antipathien definieren wollten, die Sie einem anderen Menschen entgegenbringen, würden Sie überhaupt nicht fertig, die Definition auszubilden. Sie würden nicht in fünfzig Jahren fertig, in einer Definition das auszubilden, was Sie in fünf Minuten an Lebensbeziehungen von Mensch zu Mensch erleben können.

Vor der Geschlechtsreife ist es vorzüglich das Erleben des Vorirdischen. Durch jede Handbewegung, jeden Blick, durch die Betonung der Worte schimmert es hindurch. Im Grunde ist es das Timbre, das durch Geste, Wort und Gedanken des Erziehers zu dem Kind hindurchwirkt, was da von dem Kind gesucht wird.

Und wenn wir nun als erwachsene Menschen – so erwachsen, dass wir das 15., 16. Jahr erreicht haben oder darüber hinaus sind in das Unbegrenzte – anderen Menschen gegenübertreten, dann ist die Sache noch komplizierter. Dann hüllt sich dasjenige, was in einem Menschen andere abstößt oder anzieht, wirklich in ein für die abstrakte Begriffswelt undurchdringliches Dunkel.

Erforscht man aber mit Hilfe anthroposophischer Geisteswissenschaft, was das eigentlich ist, was man da in fünf Minuten erleben kann und in fünfzig Jahren nicht zu beschreiben vermag, dann ist es das, meine lieben Freunde, was aus dem früheren oder einer Reihe von früheren Erdenleben in das gegenwärtige Leben der Seele hereinragt und was in den Seelen ausgetauscht wird.

Dieses Unbestimmte, Undefinierbare, das über uns kommt, wenn wir als Erwachsener dem Erwachsenen gegenüberstehen, das ist dasjenige, was aus dessen früheren Erdenleben in unsere früheren Erdenleben hereinleuchtet, und umgekehrt. Da wirkt von Mensch zu Mensch nicht nur das vorirdische Dasein, da wirkt alles dasjenige, was der Mensch jemals schicksalsmäßig in den aufeinanderfolgenden Erdenleben durchgemacht hat.

Und wollen wir das betrachten, was da eigentlich auf den Menschen wirkt, so sehen wir, wie heute im Zeitalter der Bewusstseinsseele – dadurch, dass sich alles im Kopf anschoppt und wir nicht zum ganzen Menschen kommen lassen, was wir von der Umwelt aufnehmen – sich dem, was von Mensch zu Mensch allein wirken kann, dasjenige entgegenstellt, was unsere heutige Kopfkultur ist.

Die Menschen gehen aneinander vorbei, weil sie sich nur mit den Köpfen oder, sagen wir, mit den Augen angucken – ich will nicht sagen, weil sie sich die Köpfe einschlagen. Die Menschen gehen aneinander vorbei, weil von Mensch zu Mensch nur dasjenige wirken kann, was aus den wiederholten Erdenleben herüberspielt, aber die heutige Kultur nichts tut, um einen Sinn für dieses Herüberspielen zu entwickeln.

Vor der Geschlechtsreife ist es vorzüglich das Erleben des Vorirdischen. Durch jede Handbewegung, jeden Blick, durch die Betonung der Worte schimmert es hindurch. Im Grunde ist es das Timbre, das durch Geste, Wort und Gedanken des Erziehers zu dem Kind hindurchwirkt, was da von dem Kind gesucht wird.

Das ist aber dasjenige, was auch in unsere Erziehung, in unseren Unterricht aufgenommen werden muss: Dass wir als erwachsene Menschen einen Sinn dafür haben, jenes Tiefere im Menschen zu erfühlen, zu empfinden, was aus früheren Erdenleben herüberspielt. Das wird nicht erreicht, wenn wir in die Erziehung nicht das ganze menschliche Leben einbeziehen lernen, so wie es sich auf der Erde abspielt.

Sehen Sie, man hat heute eigentlich nur einen Sinn für die unmittelbare Gegenwart. Daher fragt man auch bei der Erziehung nur, was «dem Kind» frommt. Aber damit hat man dem Leben wenig gedient, wenn man bei der Erziehung nur fragt, was dem Kind frommt. Erstens wird man, weil die Frage einseitig gestellt ist, nur eine einseitige Antwort bekommen, zweitens aber soll man das Kind *für das ganze Leben erziehen,* nicht nur für das Schulzimmer oder für eine kurze Zeit nach der Schule, damit es uns keine Schande macht. Da muss der Mensch ein Verständnis für gewisse Imponderabilien (Geheimnisse) des Lebens haben, ein Verständnis für die Einheit des ganzen Menschenlebens, so wie dieses Menschenleben auf der Erde sich abspielt.

Sie wissen, es gibt gewisse Menschen, die wirken durch ihre Gegenwart so, dass diese Gegenwart von ihrer Umwelt als ein Segen empfunden wird, wenn diese Menschen ein gewisses Alter erreicht haben. Solche Menschen gibt es. Wenn man erforschen würde, wodurch diese Menschen dazu gekommen sind, nicht durch ihr Tun, sondern durch ihr Wesen für ihre Umwelt zum Segen zu werden, dann würde man darauf kommen, dass solche Menschen einmal

Es gibt solche Menschen, die *segnen* können ... die die Kraft des Segnens im späteren Alter haben. Und das kommt daher, dass sie in ihrer Kindheit *beten* gelernt haben.

selber das Wohltuende gehabt haben, als Kinder in selbstverständlicher Weise zu einer verehrten Autorität aufschauen, sie verehren zu können. Das haben sie im richtigen Lebensalter durchgemacht. Dadurch, dass sie selber haben einmal verehren können, werden sie nach vielen Jahren zum Segen für ihre Umwelt.

Man kann das, ich möchte sagen, paradigmatisch ausdrücken, indem man sagt: Es gibt solche Menschen, die *segnen* können, es gibt Menschen, die die Kraft des Segnens im späteren Alter haben. Und das kommt daher, dass sie in ihrer Kindheit *beten* gelernt haben. Wollen Sie zwei Gesten des Menschen, die kausal verknüpft sind, so sind es die des Betens und die des Segnens. Das Letztere entwickelt sich kausal aus dem Ersteren. Niemand lernt segnen, der es nicht aus dem Beten heraus lernt. Man muss das nicht sentimental verstehen, sondern ganz ohne mystischen Beigeschmack, wie man eine Naturerscheinung betrachtet, nur dass einem diese Erscheinung menschlich nähersteht.

Sehen Sie, wenn einer ein Kind ist, so muss man in hygienischer Weise für ihn sorgen, sodass er naturgemäß wachsen kann. Wenn man für ein Kind einen Apparat ersinnen würde, der es bei seiner Größe hält, sodass es nicht wachsen kann, sodass es auch die Dicke seiner Arme zusammenhält und sein Leben lang so bleiben würde wie es ist, so würde man etwas ungeheuer Schlechtes tun. Der Mensch muss so gehalten werden, dass er wachsen kann. Wie wäre es, wenn der Mensch, der jetzt so klein ausschaut, sich nicht ändern würde und in zehn Jahren nicht anders ausschaute? Es wäre entsetzlich, wenn er so bleiben würde, wie er mit fünf oder vier Jahren ist.

Aber in der Schule bringen wir den Kindern Begriffe bei, bei denen wir das Ideal haben, sie sollen so bleiben das ganze Leben hindurch. Das Kind soll es gedächtnismäßig behalten, und was nach fünfzig Jahren in Betracht kommt, soll noch immer so sein wie heute. So sind unsere Lehrbücher, dass wir die Seele des Kindes so bearbeiten, dass sie klein bleiben kann.

Das Richtige ist, das Kind so zu erziehen, dass alle seine Begriffe *wachsen können,* dass seine Begriffe, seine Willensimpulse lebendig sind. Es ist nicht sehr bequem, aber der künstlerischen Erziehergesinnung gelingt es. Und das Kind empfindet es anders, wenn wir ihm lebendige Begriffe statt toter Begriffe beibringen, denn es weiß unbewusst: «Dasjenige, was der mir beibringt, das wächst mit mir, wie meine Arme mit mir wachsen.»

Es ist herzzerbrechend, wenn man sieht, wie ein Kind so erzogen wird, dass es einen Begriff so definieren soll, dass es ihn nur in einer Definition hat. Das wäre wirklich so, wie wenn man seine Glieder in einen Apparat einschnüren wollte. Das Kind muss wachstumsfähige Bilder bekommen, die nach zehn oder zwanzig Jahren ganz etwas anderes werden. Wenn man ihm aber solche

Das Richtige ist, das Kind so zu erziehen, dass alle seine Begriffe wachsen können, dass seine Begriffe, seine Willensimpulse lebendig sind. Es ist nicht sehr bequem, aber der künstlerischen Erziehergesinnung gelingt es.

Man kan einen anderen Menschen nur begreifen, wenn man ihm gegenübertritt und dies einem zum Erlebnis wird, das einen innerlich ergreift, sodass das im eigenen Inneren selber etwas ist. Dazu braucht man aber Regsamkeit im eigenen Inneren.

wachstumsfähigen Bilder überliefert, dann regt man in ihm den Sinn dafür an, sich empfindend in das hinüberzufinden, was für die anderen oft in den Tiefen der menschlichen Individualität verborgen bleibt.

So sehen wir, wie kompliziert die Zusammenhänge sind. Wir lernen zu den Menschen ein tieferes Verhältnis dadurch gewinnen, dass uns in der Jugend das seelische Wachsen möglich gemacht wird.

Was heißt es denn, den anderen Menschen erleben? Einen anderen Menschen kann man nicht mit toten Begriffen erleben. Man kann einen anderen Menschen nur begreifen, wenn man ihm gegenübertritt und dies einem zum Erlebnis wird, das einen innerlich ergreift, sodass das im eigenen Inneren selber etwas ist. Dazu braucht man aber Regsamkeit im eigenen Inneren. Sonst erreicht unsere Kultur allmählich das, woran sie schon sehr nahe ist.

Die Menschen gehen zu Frühstücken, zu Diners, zu Tees und wissen nicht viel über sich selber – obwohl die heutigen Menschen über sich selber noch verhältnismäßig am meisten wissen. Und wie richten sie sich ihre Erfahrungen instinktiv ein?

Nehmen wir an, sie gehen so neben den vielen Menschen einher, die sie bei Frühstücken oder bei Diners finden. Sie kommen höchstens zu dem einen Urteil: «Ist er so wie ich selber, oder ist er etwas anderes?» Und wenn man glaubt, er ist so wie man selber, dann ist der andere ein rechter Kerl. Ist er aber nicht so, wie man selber ist, dann ist er kein rechter Kerl, dann beschäftigt man sich nicht mit ihm. Und da die meisten Menschen nicht so sind, wie man selber ist, kann man höchstens manchmal glauben – weil es einem schließlich zu fad wird, gar keinen rechten Kerl zu finden –, kann man manchmal zu dem Glauben kommen, man finde einen Menschen, der so ist wie man selber. Aber eigentlich findet man gar keinen anderen Menschen auf diese Art, sondern immer nur sich selber. Man sieht nur sich selbst in jedem anderen Menschen. Für viele Menschen ist das in relativem Sinne noch sehr gut, denn wenn sie jemandem entgegentreten würden, der für sie zwar nicht vollständig, aber in gewissem Sinne doch ein richtiger Kerl ist und sie ihn erfassen würden, so würde das ein so starkes Erleben sein, dass es ihren eigenen Menschen ganz übertönen würde. Beim Zweiten würde ihr Ich noch mehr übertönt. Und beim Dritten und Vierten kommt man schon gar nicht mehr heran. Da hat man sich selber schon verloren.

Es wird eben zu wenig von der inneren Stärke und Aktivität, von dem Kern, von der inneren Individualität entwickelt, sodass die Menschen aus Furcht, sich selber zu verlieren, den anderen Menschen nicht erleben mögen. Und so gehen die Menschen aneinander vorüber.

Das ist das Wichtigste, dass wir eine Erziehung ausprägen, durch welche die Menschen wiederum miteinander leben lernen. Das kann man nicht durch Phrasen, das kann man nur durch eine Erziehungskunst, die auf wahrer Menschenkenntnis begründet ist.

Aber im Großen und Ganzen hat eben das intellektualistische Zeitalter das ganze Leben in Intellektualität getaucht. Wir leben vielfach in Bezug auf unsere Institutionen eigentlich gar nicht mehr unter Menschen, sondern wir leben in einem *verkörperten Intellekt,* indem wir darin eingesponnen sind – nicht wie eine Spinne in ihrem eigenen Netz, sondern wie unzählige Fliegen, die sich in einem Spinnennetz verfangen haben.

Haben wir denn überhaupt eine Empfindung dafür, wenn wir einem Menschen gegenübertreten, was uns dieser Mensch sein kann? Urteilen wir heute überhaupt menschlich? Nein, das tun wir meistens nicht, sondern wir fragen nach: Ja, ist vielleicht an der Tür dieses Menschen ein Täfelchen, worauf steht – in Wien heißt es «Gerichtsadvokat», in Deutschland «Rechtsanwalt» –, worauf das steht, so ein Begriff steht. So, jetzt wissen wir, was wir an dem Menschen haben. Bei einem anderen steht darauf: «Praktischer Arzt». Jetzt wissen wir, dass der uns heilen kann. Bei einem anderen steht darauf: «Professor für die englische Sprache». Jetzt wissen wir, was wir an ihm haben und so weiter und so weiter. Wenn wir etwas über Chemie wissen wollen, wie suchen wir das? Wir haben gar keinen anderen Zugang, als dass wir fragen, ob irgendwo ein Mensch lebt, dem ein Diplom als Chemiker erteilt worden ist. Was der uns sagt, das ist «Chemie». Und so geht es weiter.

Wir sind wirklich in dieses Spinnennetz von lauter Begriffen eingesponnen. Wir leben nicht unter Menschen, wir kümmern uns auch gar nicht stark um den Menschen, wir kümmern uns um dasjenige, was auf dem Papier steht. Das ist der einzige Anhaltspunkt für viele Menschen. Wie wüssten wir denn sonst, was einer für ein Mensch ist, wenn es nicht da irgendwie auf einem Papier stünde!

Nicht wahr, es ist das alles etwas radikal gesprochen, aber es charakterisiert eben doch unser Zeitalter. Die Intellektualität ist nicht mehr bloß in unserem Kopf, sondern sie umspinnt uns in der Tat schon überall. Wir richten uns nur nach Begriffen, wir richten uns gar nicht nach menschlichen Impulsen.

Ich war noch ziemlich jung, da lernte ich den österreichischen Dichter Hermann Rollet, der jetzt schon lange gestorben ist, in Baden bei Wien kennen. Der war sich klar darüber, dass das Richtige eine Entwicklung zum Intellektualismus sei. Man müsse sich immer mehr zu dem Intellektualistischen hinentwickeln. Gleichzeitig aber hatte er eine heillose Angst davor, denn er spürte, dass das nur den menschlichen Kopf ergreift. Und als ich ihn mit Schröer einmal besuchte, unterhielten wir uns mit ihm und er kam da in dichterischer Art auf seine heillose Kulturangst zu sprechen.

Er sagte: «Wenn man heute die Menschen ansieht, ihre Finger können sie gar nicht ordentlich gebrauchen, viele können nicht schreiben, sie kriegen einen Schreibkrampf, die Finger verkümmern. Wenn es darauf ankommt, nicht einmal Hosenknöpfe können sich die Menschen annähen, das können nur die Schneider. Es ist schrecklich: Die Gliedmaßen verkümmern, es werden die Finger und die Gliedmaßen nicht nur ungeschickter, sondern sie werden auch kleiner werden, sie werden verkümmern und die Köpfe werden immer größer werden.»

So schilderte er seinen Dichtertraum und meinte dann, es würde die Zeit kommen, wo nur noch solche Kugeln von Köpfen über die Erdoberfläche dahinrollen. Das trat mir damals im letzten Drittel des 19. Jahrhunderts als eine Kulturangst bei diesem Mann entgegen. Nun, er war auch ein Kind seiner Zeit, das heißt ein Materialist, und deshalb hat er eine so große Angst gehabt, dass in Zukunft einmal solche lebendigen Köpfe über die Erde hinrollen würden.

Das werden die physischen Köpfe nicht tun, aber die ätherischen und astralischen Köpfe tun es heute schon ganz bedenklich. Und davor muss eine gesunde Jugenderziehung die Menschen bewahren, muss die Menschen wieder auf ihre Beine stellen und sie dahin führen, dass sie wieder ihren Herzschlag verspüren, wenn sie über etwas nachdenken, nicht bloß etwas für ihr Wissen haben.

… eine gesunde Jugenderziehung … muss die Menschen wieder auf ihre Beine stellen und sie dahin führen, dass sie wieder ihren Herzschlag verspüren, wenn sie über etwas nachdenken, nicht bloß etwas für ihr Wissen haben.

Das sind die Dinge, die wir durchaus berücksichtigen müssen, wenn wir uns in das hineinleben wollen, was Einschlag für die pädagogische Kunst werden muss, für die Erziehungskunst gegen die Zukunft der Menschheit hin.

Was dazu noch Ergänzendes zu sagen ist, werde ich morgen versuchen vor Ihnen zu entwickeln.

Vierter Vortrag

Erziehung zur Begegnung

Stuttgart, 14. Oktober 1922

Meine lieben Freunde!

Aus den Ausführungen der letzten Tage wird Ihnen hervor-
gehen, dass in der Gegenwart der Mensch dem Menschen
anders gegenübersteht, als das in früheren Zeitaltern der Fall
war, und dass die Art und Weise, wie heute der Mensch dem
Menschen gegenübersteht, eigentlich sehr jungen Datums
ist, eigentlich etwas ist, was erst mit diesem Jahrhundert in
die Menschheitsentwicklung hereingebrochen ist.

In einer Sprache, die für unsere gegenwärtige Zeit nicht
mehr genügen kann, gewissermaßen poetisch, haben ältere Zeitalter dasjenige vorausgesagt, was für die ganze
Menschheit mit diesem Jahrhundert eingetreten ist. Ältere
Zeitalter haben davon gesprochen, dass mit dem Ende des
19. Jahrhunderts das sogenannte «finstere Zeitalter» ab-
läuft und dass in einem neuen Zeitalter ganz neue Bedingungen für die menschliche Entwicklung kommen müssen,
die schwer zu erringen sein werden, weil ja die Menschheit
zunächst noch nicht an sie gewöhnt ist, die, obwohl man
es mit einem «lichten Zeitalter» zu tun hat, zunächst etwas
bringen werden, was sich für den Menschen chaotischer
ausnimmt als dasjenige, was eben das lange dunkle, finstere Zeitalter gebracht hat.

Und wir müssen heute dasjenige, was da, ich möchte sagen, mehr in einem der alten hellseherischen Einsicht entnommenen Bild einmal vor die Menschheit hingestellt worden ist, nicht etwa bloß in unsere Sprache übersetzen – da würden wir doch immer wieder nur das Alte verstehen –, wir müssen es mit den geistigen Mitteln, die uns heute möglich sind, wiedererkennen. Wir müssen uns ganz intensiv mit dem Bewusstsein durchdringen, dass eigentlich erst in diesem unserem Zeitalter im seelischen Verkehr Menschen-Ich dem Menschen-Ich, ich möchte sagen, hüllenlos gegenübersteht.

Wenn man in das erste Zeitalter nach der großen atlantischen Erdkatastrophe zurückgehen würde, also in das 7., 8. vorchristliche Jahrtausend, würde man finden, dass die Menschen als Erwachsene eben einander so gegenübergestanden haben, wie heute nur das Kind dem Erwachsenen gegenübersteht: mit einer totalen menschlichen Auffassung, wie ich sie gestern charakterisiert habe, wo nicht in ein vom Leib abgesondertes Seelisches oder gar Geistiges hineingesehen wird, sondern wo der physische Körper selber als ein Seelisches und Geistiges wahrgenommen wird.

Wir dürfen ja nicht glauben, dass in jenem Zeitalter, das ich als das urindische bezeichnet habe und das als Menschheitszivilisation unmittelbar auf die atlantische Katastrophe folgte, dass in diesem Zeitalter der Mensch ebenso abgezogen von Seele und Geist ge-

> Wir müssen uns ganz intensiv mit dem Bewusstsein durchdringen, dass eigentlich erst in diesem unserem Zeitalter im seelischen Verkehr Menschen-Ich dem Menschen-Ich … hüllenlos gegenübersteht.

90

redet haben würde, wie wir das heute tun, sogar mit einem gewissen Recht tun. Gerade diejenigen Äußerungen dieses ältesten Zeitalters, die uns heute recht spirituell, recht geistig erscheinen, die missverstehen wir eigentlich.

Wir missverstehen sie, indem wir glauben, in dieser ersten nachatlantischen Kulturperiode hätten die Menschen alles, was sie in der Außenwelt gesehen haben, eigentlich übersehen und hätten immer nur auf ein außerhalb der Sinneswelt Befindliches hindeuten wollen. Das war für diese Menschen gar nicht der Fall, sondern sie haben eine gesättigtere Wahrnehmung gehabt, sagen wir, von einer menschlichen Bewegung oder einem menschlichen Mienenspiel oder von der Art und Weise, wie durch fünf Jahre hindurch ein junger Mensch wächst, oder von der Art und Weise, wie die Blumen die Plastik ihrer Blätter und Blüten entwickeln, oder von der Art und Weise, wie die Totalkraft eines Tieres entweder in einen Huf oder in eine andere Endigung des Beines sich hineinergießt.

Diese Menschen haben ihre Augen in die Welt hinausgerichtet, die wir heute die «sinnliche» nennen. Aber sie sahen in den sinnlichen Vorgängen Geistiges. Für sie war dasjenige, was sich in der Sinneswelt ihren Sinnen darbot, zugleich ein Geistiges. Allerdings war ihnen eine solche Anschauung nur dadurch möglich, dass sie außer dem, was wir heute in der sinnlichen Welt schauen, in ihrer Art noch ein Geistiges wahrgenommen haben.

Sie haben über eine Wiese hin nicht nur den Blumenteppich ausgebreitet gesehen, sondern sie haben über den Blumen in einer vibrierend tätigen Existenz die kosmischen

Kräfte gesehen, welche die Kraft der Pflanzen aus der Erde herausziehen. Sie haben gewissermaßen – es sieht für den heutigen Menschen schon grotesk aus, wenn man ihm das erzählt, aber ich erzähle Ihnen Tatsächliches – in einem gewissen Sinne gesehen, wie der Mensch fortwährend eine Art ätherisch-astralische Kappe auf dem Kopf trägt. In dieser ätherisch-astralischen Kappe haben sie die Kräfte empfunden, welche dem Haarwuchs zugrunde liegen.

Heute kommen die Menschen so leicht dazu, zu glauben, dass die Haare aus dem Kopf gewissermaßen nur von innen getrieben herauswachsen, während in Wahrheit die äußere Natur es ist, die sie herauszieht. In den alten Zeiten haben die Menschen eben als eine Tatsächlichkeit dasjenige gesehen, was dann nur noch im künstlerischen Abdruck gewissermaßen in der Kultur durchschimmert.

Sehen wir so etwas wie den ja ganz deutlich zum Kopf gehörenden Helm der Pallas Athene an. Derjenige empfindet den Helm der Pallas Athene nicht in der richtigen Weise, der da glaubt, dass der Helm der Pallas Athene aufgesetzt sei. Er ist nicht aufgesetzt, er ist ihr aus einer Konzentration von kosmischen Strahlenkräften geschenkt, welche um ihr Haupt wirken und um dasselbe sich verdichtend lagern. Sodass in den älteren Zeiten es den Griechen als etwas Unmögliches erschienen wäre, eine Pallas Athene ohne diese «Kopfbedeckung» zu machen. Sie hätten das so empfunden, wie wir heute einen skalpierten Kopf empfinden.

Ich sage nicht, dass das auch für die späteren Zeiten des Griechentums noch so war. Aber, wenn wir in die alten Zeiten zurückgehen, können wir noch sehen, dass die Menschen die sinnliche Welt als etwas Geistig-Seelisches erleben konnten, weil sie da gewissermaßen noch etwas Ätherisches, Seelisch-Geistiges zu erleben hatten. Aber diese Menschen gaben auf das Seelisch-Geistige gar nicht so sonderlich viel.

Und wenn heute die Menschen so leicht glauben, in den ältesten Mysterien sei die Mysterienschüler hauptsächlich gelehrt worden: «Die Sinneswelt ist nur Schein und die geistige Welt ist das einzig Wirkliche», so ist das nicht wahr. Wahr ist vielmehr, dass alle Bestrebungen der Mysterien dahin gingen, gerade auf dem Umweg eines Begreifens des Geistig-Seelischen den Menschen das Sinnliche begreiflich zu machen.

Schon in der ersten nachatlantischen Kulturperiode strebten die Mysterien dahin, den Menschen, wie er auf der Erde als Gestalt lebt, seelisch-geistig zu begreifen und namentlich innerlich fühlend, nicht theoretisch, zu deuten, was irgendeine Äußerung des physischen Menschen im Geistigen bedeutet. Es wäre den Menschen zum Beispiel ganz unmöglich erschienen, eine bloße Mechanik des Gehens aufzustellen. Das wäre ihnen ganz unmöglich gewesen, weil sie wussten, dass der Mensch, indem er geht, mit jedem Schritt ein Erlebnis hat, ein Erlebnis, das heute tief unter der Schwelle des Bewusstseins liegt.

Warum gehen wir? Wir gehen darum, weil wenn wir das Bein vorwärtsstrecken und den Fuß hinstellen, wir in ein anderes Verhältnis zur Erde und zur Himmelswelt kommen,

93

und in der Wahrnehmung dieser Änderung – dass wir den Fuß zum Beispiel in ein anderes Wärmebad hineinstellen, als dasjenige ist, in dem der andere Fuß drinnen steht, der zurückliegt –, in der Wahrnehmung dieses Wechselverhältnisses zum Kosmos nicht nur etwas Mechanisches, sondern durchaus etwas Dynamisches liegt.

Das war Wahrnehmung für eine solche ältere Zeit, sodass man schon sagen kann, in jener älteren Zeit wurde der Blick der Menschen auf des Menschen äußere Gestalt hingelenkt, auf des Menschen äußere Bewegung. Und es wäre den Menschen der damaligen Zeit gar nicht im Geringsten eingefallen, sich vorzustellen, dass dasjenige, was sie wie ein Mienenspiel der Natur wahrgenommen haben – Wachsen der Pflanzen, Konfigurieren der Pflanzen, Wachsen der Tiere, Konfigurieren der Tiere und so weiter –, dieses Mienenspiel der Natur in dem Sinne zu deuten, wie wir das heute wissenschaftlich tun.

Es ist durchaus etwas anderes im menschlichen Gemüt, als es heute im menschlichen Gemüt sein kann, wenn jener Angehörige der urindischen Kultur, auf den ich gestern als etwas ganz Naturgemäßes hindeutete, sagen wir, empfunden hat: Während einer gewissen Jahreszeit atmet die Erde Himmelswesenheit, und während einer anderen Jahreszeit atmet sie nicht Himmelswesenheit, sondern sie arbeitet in sich, indem sie sich gegen diese Himmelswesenheit abschließt.

Natürlich war es im alten Indien anders, weil die klimatischen Verhältnisse andere waren. Würden wir aber unsere klimatischen Verhältnisse nehmen, so müsste man sagen:

Während des Sommers schläft die Erde, gibt sich den Himmelskräften hin, empfängt die Sonnenkraft so, dass diese Sonnenkraft in das Unbewusste der Erde sich hineinergießt.

Sommer ist Erdenschlaf, Winter ist Erdenwachen. Während des Winters denkt die Erde durch ihre eigene Kraft dasjenige, was sie während des Sommers schlafend und träumend in Bezug auf den Himmel gedacht hat.

Sommer ist Erdenschlaf, Winter ist Erdenwachen.

Während des Winters verarbeitet die Erde in sich dasjenige, was ihr während des Sommers durch die Einwirkung der kosmischen Kräfte und Mächte geworden ist.

Heute weiß man von diesen Dingen nicht viel mehr – ich meine im praktischen Wissen – als dasjenige, was man erfährt, wenn der Bauer draußen auf dem Land die Kartoffeln in die Erde hineintut und sie darin überwintern lässt. Aber man denkt nicht viel über das Schicksal dieser Kartoffeln nach, weil man dieses Sichhineinversetzen in die unmittelbare Naturwesenheit verloren hat.

Menschen, die so empfunden haben, wäre es gar nicht eingefallen, hinauszuschauen in die Natur, Tiere, Pflanzen und Mineralien zu sehen, die in Farben erglänzen und erglitzern, und dann sich vorzustellen, dass in alldem drinnen eine einzige Realität ist, ein Tanz der Atome. Es wäre als die größte Irrealität erschienen, dieser Tanz der Atome.

Vielleicht werden Sie aber sagen – vielleicht werden Sie es auch nicht sagen, aber andere werden es ganz gewiss sagen: «Aber diesen Tanz der Atome braucht man, damit man über die Natur rechnen kann.» Ja, meine lieben Freunde, das ist es ja eben, dass man glaubt, man brauche den Tanz der Atome, damit man über die Natur rechnen kann. «Rechnen» nannte man in jener Zeit: In Zahlen und Größen selber leben zu können, und nicht die Zahlen und Größen an das anheften zu müssen, was im Grunde genommen nur verdichtete Materialität ist. Ich will damit gar nichts dagegen einwenden, dass dieses verdichtete Materielle in der gegenwärtigen Zeit ganz gute Dienste tut. Aber trotzdem muss eben gesagt werden, wie anders die Seelenkonfiguration in jener älteren Zeit war.

Dann kam eine andere Zeit. Ich habe sie in meiner *Geheimwissenschaft* die urpersische genannt. Da war allerdings alles auf das autoritative Prinzip gebaut. Die Menschen behielten ihr ganzes Leben hindurch etwas von dem, was heute der Mensch – aber zurückgedrängt, stumpf geworden – zwischen dem 7. und 14. Lebensjahr erlebt. Nur nahmen sie damals dieses in das spätere Leben mit hinein. Damals war es intimer, aber zu gleicher Zeit auch intensiver.

Die Menschen schauten schon in einem gewissen Sinne durch die äußere Bewegung, durch die äußere Physiognomie eines Menschen oder einer Blume hindurch. Sie sahen schon auf etwas, was weniger nach außen hin gegenständ-

1 Für die erste ... Kulturperiode war die ganze Außenwelt einfach Wirklichkeit, aber geistige Wirklichkeit. Der Mensch war Geist: Er hatte einen Kopf, zwei Arme und einen Rumpf, und das war Menschengeist.	**2** In der nächsten Periode sah man schon etwas mehr durch. Das Geschaute war nur mehr Oberfläche, hinter der man etwas mehr Ätherisches sah, einen Menschen, der mehr eine Lichtgestalt war.

lich ist. Es war ihnen schon nach und nach dasjenige, was sie sahen, nur noch zu einer Offenbarung desjenigen geworden, was die Wirklichkeit eigentlich ist.

Für die erste nachatlantische Kulturperiode war die ganze Außenwelt einfach Wirklichkeit, aber geistige Wirklichkeit. Der Mensch war Geist: Er hatte einen Kopf, zwei Arme und einen Rumpf, und das war Menschengeist. Es hinderte den Urinder nichts, diesen Menschen, den er mit Haupt und Armen auf zwei Beinen stehen sah, als Geist anzusprechen.

In der nächsten Periode sah man schon etwas mehr durch. Das Geschaute war nur mehr Oberfläche, hinter der man etwas mehr Ätherisches sah, einen Menschen, der mehr eine Lichtgestalt war. Man hatte die Fähigkeit, diese Lichtgestalt wahrzunehmen, weil eben noch atavistisches Hellsehen vorhanden war.

Und dann kam die dritte nachatlantische Kulturperiode, die der Ägypter und Chaldäer. Da hatte man das Bedürfnis, noch mehr in das Innere des Menschen oder der Natur hineinzuschauen. Da war einem das Äußere schon in hohem Grad «sinnlich» geworden und man begann durch ein leiblich-sinnliches Äußeres zu einem geistig-seelischen Inneren hindurchzuschauen.

| 3 | Und dann kam die dritte nachatlantische Kulturperiode, die der Ägypter und Chaldäer. Da hatte man das Bedürfnis, noch mehr in das Innere des Menschen oder der Natur hineinzuschauen. |

| 4 | Bei den Griechen dann – und eigentlich bis in unsere Zeit herein – war eben schon ein ganz deutliches Auseinanderhalten des Körperlich-Leiblichen und des Geistig-Seelischen. |

Der Ägypter, der dieser dritten nachatlantischen Kulturperiode angehört, hat den Menschen mumifiziert. In der urindischen Kulturepoche wäre das Mumifizieren ein Unsinn gewesen, denn es wäre ein Fesseln des Geistes gewesen. Man musste schon Körper und Geist unterscheiden, als man sich zum Mumifizieren geneigt fand. Sonst hätte man geglaubt, man sperre den Menschengeist ein, wenn man den Menschenkörper in der Mumie einbalsamierte, weil man noch nicht zwischen Körper und Geist unterschied.

Bei den Griechen dann – und eigentlich bis in unsere Zeit herein – war eben schon ein ganz deutliches Auseinanderhalten des Körperlich-Leiblichen und des Geistig-Seelischen. Und heute können wir nicht mehr anders, als diese beiden auseinanderhalten: das Körperlich-Leibliche und das Geistig-Seelische.

So hat man das Ich in früheren Zeitaltern durch Hüllen gesehen. Stellen Sie sich diesen Urinder vor. Er sah nicht hin auf das Ich des Menschen. Seine Sprache war so, dass sie eigentlich nur äußerlich sichtbare Gebärden und äußerlich sichtbare Oberflächen ausdrückte. Der ganze Charakter des Sanskrit ist noch, wenn man es dem Geist nach und nicht nur dem Inhalt nach studiert, gebärdenhaft, oberflächenhaft, es ist etwas, was sich besonders in Beweglichkeit und Abgrenzung ausdrückt.

Man sah also das Ich zunächst durch die Hülle des physischen Leibes, in der nächsten Epoche durch die Hülle des ätherischen Menschen und in der dritten durch die Hülle

So hat man das Ich in früheren Zeitaltern durch Hüllen gesehen.

98

des astralischen Menschen – und noch immer blieb undeutlich das Ich des Menschen, bis es unverhüllt in unserem Zeitalter in den menschlichen Verkehr eintritt.

Meine lieben Freunde! Keiner bezeichnet den Einschnitt, den die Menschheitsentwicklung in unserer Zeit erlebt, der nicht darauf hinweist, dass in diesem Verkehr von Ich zu Ich in hüllenloser Art in die menschliche Entwicklung etwas völlig Neues eintrat – allerdings langsam. Ich werde gewiss nicht in der gewöhnlichen Weise, wie man das tut, davon reden, dass unsere Zeit eine Übergangszeit ist. Denn ich möchte wissen, welche Zeit keine Übergangszeit ist. Jede Zeit ist eine Übergangszeit von dem, was vorangegangen ist, zu dem, was folgt. Und solange man bloß die Phrase hinsagt: «Unsere Zeit ist eine Übergangszeit», ist das eben eine Phrase.

Hand und Fuß bekommt die Sache erst, wenn man charakterisiert, *was* übergeht. In unserer Zeit ging die Menschheit von einem hüllenhaften Erleben des anderen Menschen über zu einem wirklichen Erleben des Ich des anderen Menschen.

Und das ist die Schwierigkeit des menschlichen Seelenlebens, dass wir uns in dieses ganz neue Verhältnis von Mensch zu Mensch hineinleben müssen. Glauben Sie nicht, dass ich in irgendeiner Weise andeuten will, dass wir alle die Lehre über das Ich lernen müssen. Darum handelt es sich nicht, dass wir die Theorie über das Ich lernen.

In unserer Zeit ging die Menschheit von einem hüllenhaften Erleben ... über zu einem wirklichen Erleben des Ich des anderen Menschen.

99

Ob Sie ein Bauer auf dem Land oder irgendein durch seine Handarbeit tätiger Mensch oder ein Gelehrter sind: Für alle gilt, dass in der Gegenwart, insofern wir es mit den zivilisierten Menschen zu tun haben, die Iche der Menschen hüllenlos einander gegenübertreten. Aber das gibt der ganzen Kulturentwicklung die besondere Färbung.

Versuchen Sie nur ein Gefühl dafür zu entwickeln, wie noch im Mittelalter viel Elementares in der Art und Weise war, wie ein Mensch den anderen empfunden hat. Versetzen wir uns in eine mittelalterliche Stadt.

Ein Mensch, der, sagen wir, ein Schlosser ist, kommt auf der Straße einem Ratsherrn entgegen. Ja, meine lieben Freunde, das, was da erlebt wurde, erschöpft sich nicht darin, dass der Betreffende *wusste,* der andere ist Ratsherr. Nicht einmal darin erschöpft es sich, dass er wusste: den haben wir gewählt. Allerdings war ja etwas von Zusammenschluss vorhanden, der den Menschen auch eine Vignette aufdrückte. Man gehörte der Schneiderinnung, der Schlosserzunft an. Aber das wurde noch in einer mehr instinktiven Weise erlebt. Und wenn man als Schlosser einem Ratsherrn entgegenkam, da wusste man auch noch aus anderen Dingen als solchen, die man aus dem Adressbuch sehen kann: Das ist ein Ratsherr. Er ging anders, er schaute anders, er trug den Kopf anders. Man wusste auch noch aus anderen Dingen, er ist ein Ratsherr, als aus Papieren oder aus der Zeitung oder dergleichen

Wir müssen den Menschen hüllenlos erleben. Das ist nach und nach heraufgekommen, aber davor erschrickt in einem gewissen Sinne die Menschheit.

Und so müssen wir uns gerade die am meisten mit ihrer Zeit lebenden Menschen der letzten Jahrhunderte mit etwas erschreckten Augen vorstellen, mit einem unbewusst erschreckten Blick beladen.

mehr. Man erlebte noch den anderen, aber man erlebte ihn eben durch die Hüllen.

Und das ist dasjenige, was gerade im Sinne der neuzeitlichen Menschheitsentwicklung da ist: Wir müssen den Menschen hüllenlos erleben. Das ist nach und nach heraufgekommen, aber davor erschrickt in einem gewissen Sinne die Menschheit. Und wenn wir eine Kulturpsychologie hätten, dann würde vor allen Dingen für die letzten Jahrhunderte in dieser Kulturpsychologie verzeichnet sein dieses Erschrecken der Menschheit davor, den Menschen als Ich hüllenlos neben sich haben zu müssen. Das war eine Art Erschrecken.

Man möchte sagen, wenn man dieses im Blick hat, so erscheinen einem gerade die Menschen, die ihr Zeitalter in den letzten Jahrhunderten miterlebten, mit *erschreckten Augen*. Diese erschreckten Augen, die Sie beim Griechen noch nicht hätten finden können, beim Römer noch nicht hätten finden können, treten in der Mitte des 16. Jahrhunderts auf, treten namentlich im 17. Jahrhundert auf. Diese erschreckten Augen verfolgen wir dann in der Literatur weiter.

Man kann sich davon eine ganz deutliche Vorstellung bilden, wenn man zum Beispiel die Schriften des Francis Bacon von Verulam liest. Was der für Augen gemacht hat in der Welt, das liest man seinen Schriften ab! Aber noch mehr die Augen des Shakespeare, die kann man sich sehr deutlich vor die Seele stellen. Man ergänze sich nur die Worte durch die Bilder, die in die Welt gesetzt worden sind über die Art, wie Shakespeare ausgesehen hat.

Und so müssen wir uns gerade die am meisten mit ihrer Zeit lebenden Menschen der letzten Jahrhunderte mit etwas erschreckten Augen vorstellen, mit einem unbewusst erschreckten Blick beladen. Mindestens einmal hatten sie in ihrem Leben diesen erschreckten Blick. Goethe hatte ihn, Lessing hatte ihn, Herder hatte ihn. Jean Paul wurde ihn niemals los bis zu seinem Tod. Man muss für solche Zartheiten ein Organ haben, wenn man die geschichtliche Entwicklung überhaupt verstehen will.

Das muss schon der Menschheit klar sein, die in das 20. Jahrhundert hineinleben will, dass die Repräsentanten des 19. Jahrhunderts für dieses 20. Jahrhundert nicht mehr gelten können. Liest man ein Werk über Goethe aus dem 19. Jahrhundert, den philiströsen Lewes oder den schulmeisterlichen Richard M. Meyer – bekommt man von Goethe selbstverständlich keine Vorstellung.

Das Einzige, wodurch man noch eine Vorstellung von Goethe aus der Literatur des letzten Drittels des 19. Jahrhunderts bekommen kann, das ist höchstens, wenn man *Goethe* von Herman Grimm liest. Das ist aber ein Gräuel für diejenigen, die an der großen Kulturkrankheit der neueren Zeit leiden, an der Philistrosität. Denn in diesem großen Goethebuch steht der Satz: «*Faust* ist ein Werk, das vom Himmel gefallen ist.» Nun denken Sie sich, was da die Kommentatoren, die alles zerpflücken und zerblättern, gesagt haben, und wie auf der anderen Seite einer kommt, der sagt, man soll es *nicht* zerpflücken und zerblättern.

Dies scheint vielleicht unwesentlich und dennoch: Auf solche Dinge müssen wir hinhorchen, wenn von Kulturerscheinungen die Rede ist. Lesen Sie das erste Kapitel in Grimms Werk über Raffael: Sie werden das Gefühl haben, es ist ein Gräuel für jeden rechtgläubigen Kathedermenschen. Aber es hat doch noch etwas, was man in das 20. Jahrhundert herübernehmen kann, eben deshalb, weil für den rechtgläubigen Kathedermenschen eigentlich nichts davon stimmt.

Also, man hat früher den Menschen in Hüllen gesehen. Man hat lernen müssen und muss lernen, den Menschen hüllenlos, als eine Ich-Wesenheit zu sehen. Davor erschrickt man, denn all das konnte man jetzt nicht mehr empfinden, was ich als «Hüllen» bezeichnet habe, in denen man noch in der geschilderten Weise einen Ratsherrn hat herankommen sehen. Man kann auch nicht mehr den Leuten, wenigstens in Mitteleuropa nicht, die äußere Repräsentation der Hüllen geben, denn die äußere Repräsentation der Hüllen hatte noch eine Beziehung zu dem, was an geistigem Inhalt bei den mittelalterlichen Ratsherren vorhanden war.

Jetzt würde es mir schwer fallen – ich muss es Ihnen schon gestehen –, aus der äußerlichen Umhüllung den Unterschied zwischen einem Regierungsrat und einem Geheimen Regierungsrat zu

Das ist der große Übergang zu der neueren Zeit, dass ... wir uns vor allen Dingen noch nicht die Möglichkeit erworben haben, ein Verhältnis zwischen Ich und Ich zu gewinnen. Das muss durch die Erziehung vorbereitet werden.

erkennen. Beim Militär, in der Blütezeit des Militärs, hat man es ja noch wissen können. Aber man musste es sorgfältig lernen, man musste erst ein eigenes Studium darüber anstellen. Es hing nicht mehr mit dem elementaren menschlichen Erleben zusammen.

Also, es war eine Art Erschrecken da, und man hat sich gegen dieses Erschrecken durch dasjenige eben abgestumpft, was ich Ihnen gestern als das intellektualistische Gespinst geschildert habe, das sich um uns herum ausdehnt, wo jeder drinnen ist.

Aber ich bitte Sie, gebrauchen Sie das, was ich sagen werde, nicht gar zu sehr dazu, andere Menschen, welche heute noch die gegenteilige Meinung haben, verblüffen zu wollen, sonst kommt dabei nichts heraus als ein ungeheures Geschimpfe über Anthroposophie.

In den Kulturzentren, die noch so etwas Östliches sich erhalten haben, da hat man noch das Innere mit einem Äußerlichen, das Elementare mit einem Intellektualistischen in eine gewisse Beziehung gebracht. Diejenigen, die aus Wien da sind, werden das mehr fühlen, dass das im vorigen Jahrhundert noch sehr stark der Fall war. Denn in Wien nannte man zum Beispiel denjenigen einen Doktor, der eine Brille hatte. Man kümmerte sich nicht um das Diplom, man kümmerte sich um das Exterieur. Und wer sich einen Fiaker leisten konnte, der war ein Adliger, der war ein Baron. Es war das Exterieur. Man hatte noch das Gefühl dafür, man will noch in etwas drinnen leben bei dem, was man mit Worten bezeichnet.

Das ist der große Übergang zu der neueren Zeit, dass Mensch und Mensch sich gemäß der inneren Anlage, nach dem, was die Seele fordert, hüllenlos gegenübersteht, dass aber noch nicht die Fähigkeiten zu einem solchen hüllenlosen Sichgegenüberstehen erworben sind, dass wir uns vor allen Dingen noch nicht die Möglichkeit erworben haben, ein Verhältnis zwischen Ich und Ich zu gewinnen. Das muss durch die Erziehung vorbereitet werden. Daher ist die Erziehungsfrage eine so brenzlige, eine so wichtige Frage.

Und nun möchte ich Ihnen «unverhüllt» sagen, wann erst der große Fortschritt in Bezug auf die Erziehungsweise an die einzelnen Ichmenschen der neueren Zeit herankommen kann. Aber ich bitte Sie, gebrauchen Sie das, was ich sagen werde, nicht gar zu sehr dazu, andere Menschen, welche heute noch die gegenteilige Meinung haben, verblüffen zu wollen, sonst kommt dabei nichts heraus als ein ungeheures Geschimpfe über Anthroposophie.

Daher ist dasjenige, was ich selbst über Erziehung gesprochen und geschrieben habe, ebenso was dasjenige begleitet, was als praktischer Versuch in der Waldorfschule dasteht, nur darauf berechnet, möglichst viel zur Charakterisierung des Menschen zu sagen, den Menschen kennenzulernen, aber nicht Anweisungen zu geben: Das sollst du so machen, das sollst du so machen.

Richtig in der Erziehung werden wir erst wirken, wenn wir uns ein *gewisses Schamgefühl* aneignen werden, über Erziehung überhaupt zu reden, wenn wir uns schämen werden, über Erziehung zu reden.

Es ist eine verblüffende Sache, aber es ist so: Das heutige Reden über Erziehung wird einmal von einer künftigen Menschheit als schamlos angesehen werden.

Heute redet jeder über Erziehung und über das, was er da für das Richtige hält. Aber Erziehung ist nicht etwas, was sich so förmlich in Begriffe fassen lässt, ist nicht etwas, wozu man hinkommt, indem man theoretisiert. Erziehung ist etwas, in das man dadurch hineinwächst, dass man älter wird und jüngeren Leuten gegenübersteht.

Und erst dann, wenn man älter geworden ist und jüngeren Leuten gegenübersteht – durch dieses Faktum, dass man jüngeren Leuten gegenübersteht und dass man selbst einmal jung war – und an das Ich herankommt, dadurch wird die Erziehung zu einer Selbstverständlichkeit.

Mir kommen heute viele Anweisungen über das Erziehungswesen gar nicht anders vor als der Inhalt des – horribile dictu (schrecklich zu sagen) – einstmals berühmten «Knigge», der auch Anweisungen gegeben hat, wie man dem erwachsenen Menschen gegenübertreten soll. Ebenso die Bücher über den «guten Ton».

Richtig in der Erziehung werden wir erst wirken, wenn wir uns ein gewisses Schamgefühl aneignen werden, über Erziehung überhaupt zu reden, wenn wir uns schämen werden, über Erziehung zu reden.

Daher ist dasjenige, was ich selbst über Erziehung gesprochen und geschrieben habe, ebenso was dasjenige begleitet, was als praktischer Versuch in der Waldorfschule dasteht, nur darauf berechnet, möglichst viel zur Charakterisierung des Menschen zu sagen, den Menschen kennenzulernen, aber nicht Anweisungen zu geben: Das sollst du so machen, das sollst du so machen.

Menschenerkenntnis, das ist dasjenige, was man eigentlich anstreben sollte, und das Übrige, wenn ich mich eines religiösen Ausdrucks bedienen darf, Gott überlassen. Richtige Men-

Menschen-erkenntnis, das ist dasjenige, was man eigentlich anstreben sollte, und das Übrige, wenn ich mich eines religiösen Ausdrucks bedienen darf, Gott überlassen.

schenerkenntnis macht den Menschen zum Erzieher, denn man sollte eigentlich das Gefühl bekommen, dass man sich schon schämen sollte, über Erziehung zu reden. Aber man muss ja unter den Kultureinflüssen manches tun, worüber man sich schämen müsste. So wird die Zeit kommen, in der man nicht mehr über Erziehung zu reden braucht.

Aber solche Gedankenformen fehlen heute dem Menschen. Im Grunde genommen fehlen sie ihm aber erst seit etwas mehr als hundert Jahren. Denn lesen Sie sich einmal in Fichte oder auch in Schiller hinein. Da finden Sie etwas darin, was einem heutigen Menschen geradezu horribel erscheint, richtig entsetzlich. Diese Leute haben zum Beispiel über den Staat geredet, und wenn sie über den Staat geredet haben, haben sie über allerlei Einrichtungen gesprochen, wie der Staat sein sollte.

Und dann haben sie über das *Ziel des Staates* gesprochen und sie sind dazu gekommen, zu sagen: Die Sittlichkeit muss so sein, dass der Staat sich überflüssig macht, dass die Menschen aus sich heraus dazu kommen können, freie Menschen zu sein, und durch ihre Sittlichkeit den Staat überflüssig machen. Fichte sagte, dass der Staat eine Institution sein sollte, die sich selbst aus dem Sattel hebt und nach und nach ganz überflüssig macht. Eine solche Zumutung lässt sich an den heutigen Menschen kaum stellen und ein solches Verlangen würde nicht ernst genommen.

Auf den heutigen Menschen würde das den Eindruck machen wie folgendes Vorkommnis bei einer Schauspielertruppe. Ein Stück wurde bei einer herumziehenden Truppe zum fünfzigsten Mal gespielt. Da sagte der Direktor: «Jetzt haben wir das Stück fünfzig Mal gespielt, nun können wir wohl den Souffleurkasten weglassen!» Sie waren ganz erschrocken, die Schauspieler, dass nun der Souffleurkasten weggelassen werden sollte. Endlich hat sich einer aufgerafft und hat gesagt: «Ja, Herr Direktor, dann wird man aber den Souffleur sehen!»

So ungefähr würde das auf die heutigen Menschen wirken. Sie sehen nicht, dass der Souffleur wegbleiben kann, so ist es heute. Der Staat hat seine beste Konstitution dann erreicht, wenn er sich überflüssig macht. «Ja, aber die Regierungsräte und die Hofräte und die Geheimräte, was würden die dann sagen?»

Sehen Sie, man muss sich schon einmal, ich möchte sagen, aus der unmittelbaren Alltagspraxis in diesen großen Umschwung, der in den Tiefen der Seelen in unserer Zeit vor sich geht, hineinversetzen, wenn man sich klar darüber sein will, dass wir wiederum zu einem Gesichtspunkt kommen müssen, von dem aus man ebenso wenig über Erziehung redet, wie man in älteren Kulturepochen über Erziehung geredet hat. Man hat da nämlich nicht über Erziehung geredet. Die Erziehungswissenschaft kam erst herauf, als man nicht mehr aus den elementaren Menschenkräften heraus erziehen konnte.

Richtige Menschenerkenntnis macht den Menschen zum Erzieher

Aber die Sache ist viel wichtiger, als man meint. Der Junge oder das Mädchen, die den Lehrer in die Klasse hereinkommen sehen, dürfen nicht das Gefühl haben: «Der erzieht nach theoretischen Grundsätzen, weil er das Unterbewusste nicht begreift!» Sie wollen ein menschliches Verhältnis gegenüber dem Lehrer haben. Das wird immer gestört, wenn «Erziehungsgrundsätze» vorhanden sind.

Deshalb ist es von unendlicher Wichtigkeit und unbedingt notwendig, um wiederum zu einer Art selbstverständlichen Autoritätsverhältnisses der Jungen zu den Alten zu kommen, dass über Erziehung nicht so viel geredet wird und dass es nicht notwendig ist, über Erziehung so viel zu reden oder zu denken wie heute. Denn es wird ja auf manchen Gebieten heute noch nach ganz gesunden Grundsätzen erzogen, obwohl sie auch schon durchlöchert sind.

Sehen Sie, theoretisch ist einem das alles ganz klar, und theoretisch weiß man die Sache schon auch so zu behandeln, wie die Gelehrtengesinnung der Gegenwart sie auch behandelt. Aber praktisch ist es doch auch ganz gut, wenn einem passiert, was mir einmal bei einem Freund passiert ist. Der hatte eine Waage neben sich bei seinem Teller stehen und wog sich die einzelnen Nahrungsmittel zu, damit er die richtige Menge in seinen Organismus hineinbekomme, die hineingehört.

Physiologisch ganz richtig, außerordentlich richtig. Aber denken Sie sich das einmal ins Pädagogische umgesetzt. Es geschieht ja leider, wenn auch in primitiver Weise und nur in gewisser Beziehung. Aber gesünder bleibt es noch immer, wenn das aus einer gewissen Intuition heraus

geschieht, wenn die Eltern sich nicht ein besonders zuge-
richtetes physiologisches Werk kaufen, um daraus zu ersehen, wie sie die Kinder ernähren müssen, sondern aus dem
Gefühl heraus beurteilen, wie sie selber einmal als Kinder
gegessen haben.

Und so handelt es sich wirklich darum, dass wir diese
Pädagogik, die Anweisung gibt, wie viel Speisen wir in den
Magen hineinbringen dürfen, überwinden und dass wir uns
dazu durchringen, auf dem Gebiet der Pädagogik uns eine
wirkliche Einsicht in die menschliche Natur und Wesenheit
anzueignen. Und dieses Einsichtnehmen in die menschliche
Natur und Wesenheit hat nämlich eine gewisse Folge für
das ganze menschliche Leben.

Sehen Sie, derjenige, der den Menschen, so wie ich es
in diesen Tagen charakterisiert habe, wirklich kennenlernt
und dabei artistisches Auffassen, künstlerisches Auffassen
in die Erkenntnis hereinnimmt, der wird durch ein
solches Kennenlernen seine menschliche Natur
jung erhalten. Denn es ist etwas dran: Wenn wir
einmal erwachsen sind, sind wir eigentlich schon
verarmte Menschen. Es gehört doch als das Allerwichtigste zum Menschwerden, dass wir Wachs-
tumskräfte in uns haben.

Das «Kind», das wir in uns haben, ist für den
Menschen das Allerwichtigste. Zu dem werden
wir aber im inneren Erleben durch wahre Menschenerkenntnis zurückgeführt. Wir werden wirklich «kindhaft», wenn wir richtige Menschenerkenntnis uns erwerben, und dadurch geeignet,

Die Erzie-
hungswis-
senschaft
kam erst
herauf, als
man nicht
mehr aus
den elemen-
taren Men-
schenkräf-
ten heraus
erziehen
konnte.

110

auch dem jungen Menschen und dem Kind in der richtigen Weise gegenüberzutreten.

Und das ist dasjenige, was wir erstreben müssen: dass wir nicht nur, wie das heute oft gemeint ist, in einem egoistischen Sinne sagen: «Wenn ihr nicht werdet wie die Kindlein, könnt ihr nicht in das Reich Gottes kommen.» Wir müssen es auch im praktischen Leben sagen.

Wäre nicht bis heute eine regsame menschliche Kraft mit uns verbunden, die in der Kindheit in uns wirkte, so könnten wir nicht erziehen. Die Pädagogik ist ungenügend, wenn sie den Lehrer oder Erzieher bloß gescheit macht. Ich sage nicht, dass sie ihn gedankenlos machen sollte, aber gedankenlos wird man auf diese Art auch nicht.

Nicht die Pädagogik, die den Lehrer nur gescheit macht, ist die richtige, wohl aber diejenige, die den Lehrer innerlich regsam macht, ihn mit seelischem Lebensblut erfüllt, das regsam sich in sein physisches Leibesblut hineinergießt. Und wenn man an irgendetwas sehen kann, dass einer ein richtiger Lehrer oder Erzieher ist, so kann man es daran sehen, dass er durch seine pädagogische Kunst kein Pedant geworden ist.

Nun, meine lieben Freunde, ist es vielleicht nur eine Mythologie oder etwas legendenhaft erzählt, dass da oder dort ein Pedant als Lehrer wirkt? Wenn die lehrenden oder

Das «Kind», das wir in uns haben, ist für den Menschen das Allerwichtigste ... Wir werden wirklich «kindhaft», wenn wir richtige Menschenerkenntnis uns erwerben, und dadurch geeignet, auch dem jungen Menschen und dem Kind in der richtigen Weise gegenüberzutreten.

Nicht die Pädagogik, die den Lehrer nur gescheit macht, ist die richtige, wohl aber diejenige, die den Lehrer innerlich regsam macht, ihn mit seelischem Lebensblut erfüllt ...

erziehenden Personen Pedanten sein sollten, wenn diese Legenden und Mythologien irgendwie auf Wahrheit beruhen sollten, dann könnten wir sicher sein, dass die Pädagogik auf Abwege gekommen ist.

Um niemanden zu treffen, muss ich hypothetisch die wirkliche Wahrheit dieser Legenden- und Mythologienentwicklung voraussetzen und sagen: Wäre es so, dass es Pedanten, Philister unter der Lehrerschaft, in der Pädagogik gibt, so würde das ein Zeichen dafür sein, dass unsere Pädagogik im Niedergang begriffen ist.

Nur dann ist die Pädagogik im Aufgang begriffen, wenn durch ihr Leben und durch ihr ganzes Wirken Pedanterie und Philistrosität gründlich aus dem Menschen ausgetrieben werden. Der richtige Pädagoge kann kein Philister, kein Pedant sein.

Ich bitte Sie jetzt nur, vielleicht im Anschluss an dieses, damit Sie mich kontrollieren können in dem, was ich gemeint habe, darüber nachzudenken, aus welchem Lebensberuf heraus das Wort «Pedant»[1] überhaupt gekommen ist. Vielleicht werden Sie dann etwas zu der Erkenntnis der Tat-

---

1 «Pedantisch» heißt laut Duden: «in übertriebener Weise genau; alle Dinge mit peinlicher, kleinlich wirkender Exaktheit ausführend». Das Wort Pedant geht zurück auf das Griechische παιδαγωγός (paidagōgós, Pädagoge, wörtlich Kinderführer: Ursprünglich war es derjenige, der das Kind zu Fuß begleitete). Der Beruf des Pädagogen ist im Laufe der Zeit zum Inbegriff des Pedanten geworden!

sächlichkeit des eben Angedeuteten beitragen können, über das ich mich nicht verbreiten will, weil mir ohnehin schon so vieles übel genommen wird.

Nur unter der Voraussetzung wäre es eine richtige Pädagogik, und es müsste sonst eine richtige Pädagogik erst in Gemäßheit dessen werden, was ich in diesen Tagen gegeben habe. Und so darf ich wohl in der morgigen Stunde eine Art Abschluss dieser Unterredungen versuchen.

Fünfter Vortrag

Erziehung zum Geist

Stuttgart, 15. Oktober 1922

Meine lieben Freunde! Es wäre allerdings noch vieles als eine Art Abschluss für dasjenige zu sagen, was ich in den vorangegangenen Tagen mir erlaubt habe, vor Ihnen hier zu entwickeln. Denn man muss, indem man spricht, die Dinge in Worte und Ideen auseinanderlegen. Dasjenige aber, was man meint, ist der einheitliche Zug und die einheitliche Kraft, die man durch die vielen auseinandergelegten Worte und Ideen hindurchströmen lassen möchte.

Damit aber vielleicht noch manches, was ich in vielen Worten noch sagen könnte und eigentlich sagen müsste, in einer gewissen Weise wiederum auch zusammenfassend gesagt wird, lassen Sie mich dasjenige, was ich heute noch zu Ihnen sprechen will, halb bildlich vorbringen. Sie werden das Halbbildliche verarbeiten und dann vielleicht besser verstehen, was ich meine.

Sehen Sie, meine lieben Freunde, ich habe Sie von den verschiedensten Seiten her darauf aufmerksam gemacht, dass heute jeder Mensch, der mit der Zivilisation mitlebt, im Intellektualismus drinnen lebt, im Begriffsleben, in jenem Begriffsleben, das gerade für unser Zeitalter sich in intensivster Weise, auch in eindringlichster Weise ausgebildet hat. Die Menschheit hat es dazu gebracht, bis zu den abstraktesten Begriffen sich hinaufzuarbeiten.

Sie brauchen nur zu vergleichen, wie etwa noch Dante in jener Zeit, die unserem Zeitalter unmittelbar vorangegangen ist, von seinem Lehrer die Welt beschrieben erhalten hat. Da war noch alles seelisch, da war noch alles geistig. Das lebt ja noch wie ein Zauberhauch durch Dantes große Dichtung *(Die göttliche Komödie).*

Dann ist eben das Zeitalter gekommen, wo die Menschheit dasjenige, was sie innerlich erlebte, in abstrakte Begriffe gießen wollte. Die Menschen haben immer Begriffe gehabt, aber es waren, wie ich Ihnen auseinandergesetzt habe, geoffenbarte Begriffe, es waren nicht Begriffe, die gar keiner inneren seelischen Offenbarung mehr entsprangen. Erst als die Menschen zu Begriffen sich hindurchgerungen hatten, die gar keiner seelischen Offenbarung mehr entsprangen, kamen sie dazu, alle ihre Begriffe an der äußeren Naturbeobachtung, ja sogar an dem äußeren Experiment zu entwickeln, kamen sie dazu, nur noch dasjenige gelten zu lassen, was von außen durch die Beobachtung aufgenommen wird.

Man hat immer das Gefühl, wenn man sich in die alte Gedankenwelt vertieft, selbst in diejenige des 12., 13., 14. Jahrhunderts, dass man da etwas hat, was sich mit dem inneren Seelenwesen verbindet. Man hat das Gefühl, dass man noch ein inneres Leben hat, ein Leben von innen heraus, ein Erleben, das dadurch entstanden ist, dass der Mensch sich damit verbunden hat.

Dasjenige, was heute das Begriffssystem auch des primitivsten Menschen ist, das ist von außen her erworben, von der äußeren Natur, die sinnlich beobachtet wird. Und selbst diejenigen Menschen, die heute noch in gewisser Gläubigkeit an den älteren Begriffen festhalten, haben zu dieser Gläubigkeit nicht mehr das intensive Verhältnis, selbst nicht der Bauer. Wenn man ihm irgendetwas überliefert, von außen her überliefert, was wissenschaftlich feststeht, was an der Natur verifiziert ist, so ist das heute das Ideal geworden, nach dem er hinstrebt.

Aber Begriffe, Ideen, die aus dem Inneren der Seele auftauchen, die haben, wie aus meinen Auseinandersetzungen hervorgeht, das Eigentümliche, dass sie, indem sie aus dem inneren Seelischen sich herausringen, als Begriffe dann sterben. Und der Mensch fühlt es als richtig, dass seine Begriffe, insofern sie aus seinem Inneren herausgeboren werden, ersterben.

Aber das Eigentümliche, was seit einigen Jahrhunderten geschehen ist und was im 19. Jahrhundert eben eine Kulmination hatte, das ist, dass die im Inneren ersterbenden Begriffe sich an der Außenwelt wiederbelebt haben. Wir können das wirklich an einer historischen Erscheinung nachweisen. Denken Sie einmal, wie Goethe aus seinem Inneren heraus eine ganze Entwicklungsanschauung sich gebildet hat. Sie gipfelt in seinem Metamorphosen-Begriff.

Man hat das Gefühl, dass man sich aus dem Lebendigen herausarbeitet in das Tote hinein, dass es aber so sein muss, dass der Mensch sich deshalb in das Tote hineinarbeitet, weil das Lebendige Zwang ist. Freiheit konnte erst entstehen, indem die Begriffe zu dem Toten hingekommen sind. Aber gleichzeitig haben sich diese Begriffe wieder an der äußeren Natur belebt. Und indem so etwas wie der Darwinismus auch in unserer mitteleuropäischen Zivilisation an die Stelle (des Goetheanismus) tritt, haben wir Begriffe, Ideen, die an der äußeren Natur wieder Leben gewinnen, aber ein Leben, das den Menschen verschlingt.

Das muss man nur in seiner ganzen Intensität fühlen, meine lieben Freunde, fühlen, wie wir heute von einem Denken umgeben sind, das sich mit der Natur verbunden hat, von der Natur Lebenskraft gewonnen hat, das aber den Menschen verschlingt.

Wie verschlingt? Nun, wenn wir heute alles das nehmen, was gerade die vorgerückteste Denkweise an Ideen aus der Natur herausholt, können wir niemals *den Menschen* damit begreifen. Was gibt uns unsere großartige Entwicklungslehre? Sie gibt uns einen Überblick, wie Tiere aus Tieren sich entwickeln – und dann steht der Mensch vor uns, aber doch nur als Schlusspunkt. Wie wir in der Tierreihe sind, nicht wie wir als Menschen sind – das sagt uns die heutige Zivilisation.

Jede frühere Zivilisation begriff vom Menschen aus die Naturreiche, unsere heutige Zivilisation begreift von der Natur aus den Menschen – das heißt, insofern er das höchste Tier ist. Aber sie begreift nicht, inwiefern die Tiere unvollkommene Menschen sind.

Wenn wir uns in unserer Seele mit dem erfüllen, was unser Denken an der Natur geworden ist, dann erscheint uns in dem *Bild des den Menschen verschlingenden Drachen* dasjenige, was heute gerade das Intensivste in unserer Zivilisation ist. Wir fühlen uns als Mensch einem Wesen gegenüber, das uns verschlingt.

Sehen Sie nur einmal, wie dieses Verschlingen Platz gegriffen hat. Indem vom 15. Jahrhundert an immer weiter und weiter auf geradezu triumphale Art die Naturwissenschaft sich ausgebildet hat, ist die Menschenkunde immer mehr in Verfall geraten. Die Menschen konnten sich nur mit Mühe halten, indem sie die alten Vorstellungen, die alten Traditionen aufbewahrten und fortpflanzten – aber nicht lebendig. Der Mensch konnte sich nur mit Mühe gegenüber dem sein innerstes Leben verschlingenden Drachen halten.

Wie verschlingt? Nun, wenn wir heute alles das nehmen, was gerade die vorgerückteste Denkweise an Ideen aus der Natur herausholt, können wir niemals *den Menschen* damit begreifen.

Und im letzten Drittel des 19. Jahrhunderts stand das mit besonderer Intensität vor den Menschen: der Drache, der das eigene seelische Leben in der furchtbarsten Weise zu verschlingen droht. Diejenigen, die noch seelisches Leben in seiner vollen Entwicklung in sich hatten, fühlten, wie der Drache, der zum Tod bestimmt ist, in der neuesten Zeitentwicklung durch Beobachtung und Experiment Leben gewonnen hat, aber ein Leben, das den Menschen verschlingt.

In älteren Zeitaltern war der Mensch noch an dem Hervorbringen des Drachen beteiligt, aber dieser hatte immer die nötige Dosis von Todeskraft mitbekommen, sodass die Menschen den Drachen noch bezwingen konnten. Damals hat der Mensch dem Erleben nur so viel Intellektualität mitgegeben, dass er diese durch die Herzenskräfte noch überwinden konnte. Jetzt ist der Drache «streng objektiv» geworden, jetzt lebt er so, dass er uns von außen begegnet und uns als seelisches Wesen verschlingt.

Das war im Wesentlichen die Signatur der Zivilisation vom 15. bis ins 19. Jahrhundert hinein. Wir sehen sie nur richtig, wenn wir auf das Bild des Drachen hinschauen, das in alten Zeiten prophetisch noch gemeint war und auf das hindeutete, was in zukünftiger Zeit erst kommen würde. Aber jene alten Zeiten waren sich bewusst, dass, indem sie den Drachen aus sich heraus gebären, sie auf der anderen Seite den Michael oder den Sankt Georg gebären, nämlich dasjenige, was den Drachen überwinden kann.

Ohnmächtig aber wurde demgegenüber die Menschheit vom 15. bis ins 19. Jahrhundert. Es war das jenes Zeitalter, das nach und nach ganz dem Glauben an die materielle Welt verfallen ist. Dadurch ist dieses Zeitalter seelenhaft in seinem Innersten so ertötet worden, dass in Bezug auf die innersten Seelenschätze keine Wahrhaftigkeit mehr da ist.

Eine Zeit, die die Welt aus dem Kant-Laplace'schen Urnebel heraus entstehen lässt, der sich zusammenballt, der in seiner Zusammenballung die Lebewesen und zuletzt die Menschen hervorbringt, muss sagen: «Ein solches Zusammenwirken kann schließlich auch nur in den Wärmetod hinein

Wir haben im menschlichen Organismus immer einen Vernichtungsprozess der Materie, damit diese Materie im menschlichen Organismus neu geschaffen werden kann. In uns wird fortgesetzt Materie in Nichts verwandelt und wiederum neu geschaffen.

120

verschwinden. Aber dann wird auch das tot sein, was sich die Menschen moralisch erarbeitet haben.»

Wenn es immer wieder Leute gegeben hat, die den Beweis haben liefern wollen, die moralische Weltordnung könne in einer Weltordnung Platz haben, die ungefähr so gedacht wird, als ob am Anfang der sogenannte Kant-Laplace'sche Urnebel und am Ende der Wärmetod steht, so ist eine solche Anschauung nicht aufrichtig. Und gar nicht aufrichtig und gar nicht ehrlich war sie, wenn sie die moralische Entwicklung so in Betracht zog, dass sie mit den Infusorien (Einzeller, Wimpertierchen) aufsteigt und, wenn der Wärmetod den Untergang bewirken wird, verschwindet.

Einfach die Statuierung des Gesetzes von der Erhaltung der Materie ist ein deutlicher Beweis dafür, dass man den Menschen innerlich nicht erkennt.

Und warum kam man zu einer solchen Weltanschauung? Warum lebt das heute im Grunde genommen in allen Seelen?

Weil bis in die äußerste Landhütte hinein, wenn es auch nicht bewusst wird, der Drache durchdringt und das Herz ertötet. Und warum ist das so? Das kommt daher, weil der Mensch den Menschen nicht mehr erfassen konnte. Denn was geschieht im Menschen? Im Menschen geschieht in jedem Augenblick dasjenige, was sonst nirgends in der irdischen Umwelt geschieht.

Der Mensch nimmt die Nahrungsmittel aus der äußeren Umwelt auf. Er nimmt sie aus dem Lebensreich und nur weniges aus dem toten Reich. Aber indem die Nahrungsmittel durch den Verdauungsapparat dringen, werden auch die lebendigsten Nahrungsmittel ertötet. *Der Mensch ertötet in sich, er braucht den Tod in sich,* sodass er das, was er lebendig aufnimmt, vollständig zerstört, um dem Ertöteten das eigene Leben einzuflößen. Der Mensch ertötet in sich, er bereitet in sich den Tod zu, sodass das, was er lebendig aufnimmt, um es dem eigenen Leib einzuflößen, vollständig zerstört wird. Und erst wenn die Nahrungsmittel in die Lymphgefäße übergehen, wird im Inneren des Menschen das Tote wiederum lebendig gemacht.

Ebenso aber ist es ein Vorgang in der Menschenwesenheit – wenn man diese Menschenwesenheit wirklich erkennt und ganz durchschaut, so stellt sich das heraus –, dass im ganzen menschlichen durchseelten und durchgeistigten organischen Prozess die Materie vollständig vernichtet wird, um neu geschaffen zu werden. Wir haben im menschlichen Organismus immer einen Vernichtungsprozess der Materie, damit diese Materie im menschlichen Organismus neu geschaffen werden kann. In uns wird fortgesetzt Materie in nichts verwandelt und wiederum neu geschaffen. Zu dieser Erkenntnis wurde im 19. Jahrhundert die Tür dicht verriegelt, indem man zu dem Gesetz von der Erhaltung der Materie und der Kraft gekommen war und glaubte, die Materie erhalte sich auch durch den menschlichen Organismus hindurch. Einfach die Statuierung des Gesetzes von der Erhaltung der Materie ist ein deutlicher

Nun stellen Sie sich aber vor, wie unendlich schwierig es heute ist, nicht für einen Toren gehalten zu werden, wenn man gegen dasjenige kämpft, was in der heutigen Physik als das Sicherste angesehen wird.

Beweis dafür, dass man den Menschen innerlich nicht erkennt.

Nun stellen Sie sich aber vor, wie unendlich schwierig es heute ist, nicht für einen Toren gehalten zu werden, wenn man gegen dasjenige kämpft, was in der heutigen Physik als das Sicherste angesehen wird. Das Gesetz von der Erhaltung der Materie und der Kraft bedeutet nichts anderes, als dass die Naturwissenschaft den Weg zum Menschen dicht verriegelt hat. Da hat der Drache die menschliche Natur ganz verschlungen.

Aber der Drache muss besiegt werden, und deshalb muss die Erkenntnis Platz greifen, meine lieben Freunde, dass das Bild von dem Michael, der den Drachen besiegt, nicht nur ein altes Bild ist, sondern ein Bild, das in unserer Zeit den höchsten Grad seiner Realität erreicht hat.

Ältere Zeiten haben es ausgebildet, weil die Menschen in sich noch den Michael fühlten als etwas, was sie unbewusst durchdringt und ebenso unbewusst dasjenige überwindet, was aus der bloßen Intellektualität kommt. Jetzt ist der Drache ganz äußerlich geworden, jetzt ist der Drache etwas, was uns von außen begegnet, und was fortwährend droht, den Menschen zu ertöten.

Aber der Drache muss besiegt werden. Er kann nicht anders besiegt werden, als indem wir gewahr werden, wie auch der Michael, der Sankt Georg, von außen kommt. Und dieser Michael, dieser Sankt Georg, der von außen kommt und der imstande ist, den Drachen zu besiegen, ist nichts anderes als eine wirkliche geistige Erkenntnis ...

und der imstande ist, den Drachen zu besiegen, ist nichts anderes als eine wirkliche geistige Erkenntnis, die auch noch dieses Lebenszentrum, das aber für das Innere des Menschen ein Todeszentrum ist – das sogenannte Gesetz von der Erhaltung der Materie und der Energie –, besiegt, sodass die Menschen bis in die Erkenntnis hinein wieder *Menschen* sein können.

Heute dürfen sie es nicht. Denn gibt es ein Gesetz von der Erhaltung der Materie, von der Erhaltung der Kraft, so zerfließt auch das moralische Gesetz in den Wärmetod, und die Kant-Laplace'sche Theorie ist keine Phrase. Dass man immer vor dieser Konsequenz zurückgeschreckt ist, das ist das Unwahre, jenes Unwahre, das bis in das menschliche Herz, bis in die menschliche Seele hineingedrungen ist und alles von dem Menschen ergriffen hat – und ihn zu einem unwahren Menschen auf dem Erdenrund gemacht hat.

Denn Realität der moralischen Weltordnung ist dasjenige, was uns der an uns herantretende Michael geben kann – Realität der moralischen Weltordnung!

Wir müssen den Aufblick zu Michael gewinnen, der uns zeigt, dass das, was auf der Erde materiell da ist, nicht bloß durch den Wärmetod hindurchgeht, sondern einmal wirklich zerstiebt, und dass wir imstande sind, durch Verbindung mit der geistigen Welt mit unseren moralischen Impulsen neues Leben zu pflanzen. Und da tritt die Umbildung dessen ein, was in der Erde ist, in das neue Leben, in das Moralische.

Denn Realität der moralischen Weltordnung ist dasjenige, was uns der an uns herantretende Michael geben kann – *Realität der moralischen Weltordnung!*

Das können die alten Religionen nicht, denn sie haben sich von dem Drachen besiegen lassen. Sie nehmen einfach den Drachen hin, der den Menschen ertötet, und begründen neben dem Drachen irgendeine besondere abstrakt-moralische, göttliche Ordnung. Aber der Drache duldet so etwas nicht, er duldet nicht, dass man bloß neben ihm etwas begründet. Denn dasjenige, was der Mensch braucht, ist die Kraft, die er aus der Besiegung des Drachen gewinnen kann. Und der Drache *muss* besiegt werden.

Sie sehen, meine lieben Freunde, wie tief das Problem gefasst werden muss. Aber was hat es denn eigentlich in der neuzeitlichen Zivilisation gegeben? Das hat es gegeben, dass uns jede Wissenschaft eine Metamorphose des Drachen ist, dass uns alle äußere Kultur auch ein Ergebnis des Drachen ist.

Denn dasjenige, was der Mensch braucht, ist die Kraft, die er aus der Besiegung des Drachen gewinnen kann. Und der Drache *muss* besiegt werden.

Gewiss, der äußere Weltmechanismus, der nicht nur in der Maschine, sondern auch in unserem ganzen sozialen Organismus lebt, ist mit Recht ein Drache. Aber der Drache tritt uns ja auch sonst überall entgegen, ob uns von der heutigen Wissenschaft etwas von dem Ursprung des Lebens erzählt wird, von der Verwandlung der Lebewesen, von der menschlichen Seele, selbst wenn über Geschichte gesprochen wird, überall ist das Ergebnis ein solches, dass es eigentlich vom Drachen ausgeht.

Und das war im letzten Drittel des 19. Jahrhunderts so arg geworden, um die Wende des 19. zum 20. Jahrhundert und in das 20. Jahrhundert hinein, dass der heranwachsende Mensch,

> Der Mensch kann, wenn er will, Geisteswissenschaft haben, das heißt der Michael dringt wirklich aus den geistigen Reichen in unser Erdenreich ein. Er drängt sich uns aber nicht auf, denn heute muss alles aus der Freiheit des Menschen heraus entspringen.

der danach gelechzt hat, etwas von dem zu erfahren, was das Alter erfasst hat, überall – in der Botanik, Zoologie, Geschichte und so weiter –, aus allen Wissenschaften den Drachen sich entgegenkommen sah, denjenigen entgegenkommen sah, der eigentlich das innerste Wesen seiner Seele verschlingen will.

Im intensivsten Grad real ist der Kampf des Michael mit dem Drachen erst in unserem Zeitalter geworden. Und wenn man in das geistige Gefüge der Welt eindringt, so findet man, dass gleichzeitig mit der Kulmination der Macht des Drachen auch das Eingreifen des Michael, mit dem wir uns verbinden können, um die Wende des 19. zum 20. Jahrhundert eingetreten ist.

Der Mensch kann, wenn er will, Geisteswissenschaft haben, das heißt der Michael dringt wirklich aus den geistigen Reichen in unser Erdenreich ein. Er drängt sich uns aber nicht auf, denn heute muss alles aus der Freiheit des Menschen heraus entspringen.

Der Drache drängt sich auf, er fordert die höchste Autorität. Es hat niemals in der Welt eine so mächtig auftretende Autorität gegeben als diejenige, welche heute von der Wissenschaft ausgeübt wird. Vergleichen Sie sie mit der päpstlichen Autorität, sie ist fast eine ebensolche Autorität. Denken Sie nur, man kann der dümmste Kerl sein, aber man kann sagen: «Die Wissenschaft hat festgestellt ...»

Denken Sie nur, wie die Menschen mundtot gemacht werden von der Wissenschaft, auch wenn man Wahres spricht. Es gab in der ganzen Menschheitsentwicklung keine erdrückendere Macht der Autorität als diejenige der heutigen Wissenschaft. Überall springt einem der Drache entgegen.

Es gibt kein anderes Mittel, als sich mit Michael zu verbinden, und das heißt sich mit dem geistigen Weben und Wesen der Welt in wirklicher Erkenntnis zu durchdringen. Jetzt erst steht dieses Bild des Michael so recht vor uns, und jetzt erst ist es unsere ureigenste Menschenangelegenheit geworden. In alten Zeiten hat man dieses Bild noch im Imaginativen gesehen. Heute ist das für das äußere Bewusstsein nicht möglich. Daher kann jeder Tor sagen, der spreche nicht wahr, welcher von dieser äußeren Wissenschaft sagt, dass sie der Drache sei. Aber sie *ist* der Drache.

Und diejenigen, welche mit ihr aufgewachsen sind und nicht von dem Drachen so in Bann gespannt worden sind, dass sie sich ganz ruhig verschlingen ließen – die nicht so weit gehen konnten, dass sie das Um und Auf des Seelischen dadurch erforschen ließen, dass man allerlei Apparate aufstellte, um das Gedächtnis, das Erinnerungsvermögen zu prüfen, dass man an die Seelen mit Maschinen heranging –, diejenigen, die mit der äußeren Wissenschaft aufgewachsen sind als Menschen, denen aber nicht mehr gesagt wurde, was der Mensch ist, weil es

Der Drache drängt sich auf, er fordert die höchste Autorität. Es hat niemals in der Welt eine so mächtig auftretende Autorität gegeben als diejenige, welche heute von der Wissenschaft ausgeübt wird.

127

nicht mehr gewusst wurde, weil der Drache den Menschen verschlungen hatte, die sahen sich zunächst dem Drachen gegenüber und sahen noch nicht den Michael.

Das ist dasjenige, was in den Herzen vieler Menschen gerade im Beginn des 20. Jahrhunderts lebte: dass sie das instinktiv fühlten, dass sie den Drachen wohl sahen, aber den Michael nicht sehen konnten.

Daher gingen sie so weit als möglich weg von dem Drachen. Sie wollten sich ein Land suchen, wo der Drache nicht hinkommen kann. Sie wollten nichts mehr wissen von dem Drachen. Und so sehen wir, wie die Jugend dem Alter entläuft, weil sie aus dem Gebiet des Drachen herauskommen will. Das ist auch eine Seite der Jugendbewegung, meine lieben Freunde! *Die Jugend wollte dem Drachen entfliehen,* weil sie zunächst keine Möglichkeit sah, den Drachen zu besiegen. Sie wollte irgendwo hingehen, wo der Drache nicht ist.

Aber da gibt es ein Geheimnis – und das besteht darin, dass der Drache überall seine Macht ausüben kann, auch da, wo er nicht «räumlich» vorhanden ist. Und wenn es ihm nicht gelingt, direkt durch Ideen, durch den Intellektualismus den Menschen zu ertöten, dann gelingt es ihm dadurch, dass er überall in der Welt die Luft so dünn macht, dass man nicht mehr darin atmen kann.

Und das wird wohl das Wesentliche sein: Diejenige Jugend, die hinweggegangen ist von dem Drachen, um von ihm keinen Schaden zu erleiden, und die dadurch, dass sie in eine zu dünne Lebensluft gekommen ist, keine Zukunft

Aber der Mensch muss in der Überwindung des Drachen die Kraft gewinnen, leben zu können.

atmen konnte, fühlte höchstens den Albdruck der Vergangenheit, weil die Luft auch in jenen Gegenden ungesund geworden war, wo man sich dem unmittelbaren Einfluss des Drachen entziehen konnte. Der Albdruck aber, der von innen kommt, ist in Bezug auf das menschliche Erleben nicht viel anders als der Druck, der von außen von dem Drachen kommt.

Dass sie dem Drachen unmittelbar ausgesetzt war, das fühlte eine ältere Generation im letzten Drittel des 19. Jahrhunderts. So war es der Albdruck der durch den Drachen verdorbenen Luft, die keine Atemluft abgab, den dann die Jugend erlebte.

Hier hilft nur das Finden des Michael, der den Drachen besiegt. Man braucht die Kraft des Siegers über den Drachen, denn der Drache erhält sein Leben aus einer ganz anderen Welt, als diejenige ist, in der die Menschenseele leben kann.

Die Menschenseele kann nicht in derjenigen Welt leben, aus der der Drache sein Lebensblut entnimmt. Aber der Mensch muss in der Überwindung des Drachen die Kraft gewinnen, leben zu können. Daher sagen wir heute richtig: Jenes Zeitalter, das vom 15. bis zum 19. Jahrhundert den Menschen so entwickelt hat, dass alles aus ihm herausging, muss überwunden werden. Es muss das Zeitalter des Michael beginnen, der den Drachen besiegt. Denn des Drachen Macht ist groß geworden.

Das ist es aber auch, was wir insbesondere zuwege bringen müssen, meine lieben Freunde, wenn wir richtige Führer der Jugend werden wollen. Denn Michael braucht gewissermaßen einen Wagen, durch den er in unsere Zivilisation hereinkommt. Und dieser Wagen ist dasjenige, was sich dem wirklichen Erzieher enthüllt, indem es aus dem jugendlichen, werdenden Menschen, ja schon aus dem Kind hervortritt.

Da arbeitet noch dasjenige, was Kraft des vorirdischen Lebens ist. Da ist real vorhanden dasjenige, was, wenn wir es pflegen, für Michael der Wagen ist, durch den er in unsere Zivilisation hereinfahren wird. Erziehen wir in der richtigen Weise, so bereiten wir Michael das Fahrzeug, damit er in unsere Zivilisation hereinkommen kann.

Wir dürfen nicht weiterhin den Drachen pflegen, indem wir eine Wissenschaft ausbilden, die nur für die Alten ist: Gedanken, bei denen wir gar nicht daran denken, dass sie in eine Menschenseele eindringen wollen, in den Menschenkörper, in den Menschen selber und den Menschen heranbilden wollen. Wir müssen dem Michael den Wagen, das Fahrzeug bauen. Dazu brauchen wir lebendige Menschlichkeit – lebendige Menschlichkeit, wie sie sich aus übersinnlichen Welten in das irdische Menschenleben hineinlebt und sich darin gerade in den ersten Zeiten des Menschenlebens offenbart. Das brauchen wir.

Aber wir müssen ein Herz für eine solche Erziehung haben. Wir müssen gewissermaßen lernen – wenn wir weiter im Bild sprechen –, uns zum Bundesgenossen des hereinziehenden Michael zu machen, wenn wir richtige Erzieher werden wollen.

Mehr als mit allen theoretischen Grundsätzen ist für die Erziehungskunst getan, wenn dasjenige, was wir in uns aufnehmen, für die Erziehungskunst so wirkt, dass wir uns als *Bundesgenosse des Michael* fühlen, des auf die Erde herein-fahrenden Geisteswesens, dem wir das Fahrzeug bereiten *durch eine lebendige, künstlerisch geführte Erziehung* der Jugend.

Was uns aus diesem Impuls werden kann, ist viel besser als alle theoretischen Erziehungsgrundsätze: Dass wir zum Aufschauen zu dem mit dem letzten Drittel des 19. Jahrhunderts in unsere alt gewordene Drachenkultur hereinstrebenden Michael gelangen.

Das ist es, was eigentlich der Grundimpuls aller Erziehungslehre ist. Wir müssen sie nicht als eine Theorie aufnehmen, diese Erziehungskunst, sie nicht als etwas aufnehmen, was wir lernen können. Wir müssen sie aufnehmen als etwas, mit dem wir uns verbünden, dessen Ankunft wir begrüßen, was nicht wie tote Begriffe, sondern wie ein lebendiges Geisteswesen zu uns kommt, dem wir unsere Dienste anbieten, weil wir sie ihm anbieten müssen, wenn die Menschheit den Fortgang ihrer Entwicklung finden soll.

Wir müssen dem Michael den Wagen, das Fahrzeug bauen. Dazu brauchen wir lebendige Menschlichkeit – lebendige Menschlichkeit, wie sie sich aus übersinnlichen Welten in das irdische Menschenleben hineinlebt und sich darin gerade in den ersten Zeiten des Menschenlebens offenbart. Das brauchen wir.

Das heißt Erkenntnis wiederum zum Leben erwecken, es heißt: mit aller Bewusstheit wieder heraufbringen, was im Unbewussten einmal in der Menschheit da war.

Meine lieben Freunde! Es hat in alten Zeiten, als das atavistische Hellsehen unter den Menschen noch heimisch war, Mysterienstätten gegeben. Diese Mysterienstätten, auf sie haben diejenigen, die in ihnen Zöglinge geworden sind, so hingeschaut, dass sie besonders die Kräfte der Erkenntnis hereinzubekommen suchten, wenn sie dort ihre menschliche Entwicklung durchmachten. So hat man sich seelisch diesen Mysterienstätten genähert, die zu gleicher Zeit Kirche, Schule und Kunststätte waren. Was damals in diesen Mysterienstätten angetroffen wurde, war so mancherlei, aber eine Bibliothek in unserem Sinne gab es nicht.

Missverstehen Sie mich nicht: Eine Bibliothek *in unserem Sinne* gab es nicht. Etwas Bibliothekartiges, das heißt Dinge, die aufgeschrieben wurden, waren auch damals vorhanden. Aber alles, was aufgeschrieben wurde, war da, damit es gelesen werden konnte, damit es auf die Seelen wirkte.

Heute ist ein großer Teil desjenigen, was an Bibliotheksmaterial vorhanden ist, nur da, damit es aufgespeichert wird, nicht um gelesen zu werden. Nur wenn man eine Dissertation zu schreiben hat, weil man da diese Dinge diskutieren muss, ist man genötigt, sie vorzunehmen. Sonst stehen sie da drinnen, aber man möchte am liebsten die Lebendigkeit ganz ausschalten. Ganz Mechanisches soll in die Dissertationen hineinkommen. Man will, dass der Mensch möglichst wenig Anteil daran habe. Es ist

Das ist dasjenige, was wieder kommen muss, und jetzt in voller Bewusstheit: dass die Geistigkeit ein Lebendiges wird, dass wir nicht bloß dasjenige erfahren, was äußerlich mit den Sinnen gesehen werden kann, sondern dass wir wieder erfahren, was im Geist geschaut werden kann.

aller Anteil des Menschen an der Geistigkeit aus dem Menschen herausgerissen.

Das ist dasjenige, was wieder kommen muss, und jetzt in voller Bewusstheit: dass die Geistigkeit ein Lebendiges wird, dass wir nicht bloß dasjenige erfahren, was äußerlich mit den Sinnen gesehen werden kann, sondern dass wir wieder erfahren, was im Geist geschaut werden kann. Es muss das Zeitalter des Michael eintreten.

Im Grunde genommen ist alles dasjenige, was den Menschen vom 15. Jahrhundert an zuteil geworden ist, den Menschen von außen zugeflogen. Im Zeitalter des Michael wird der Mensch sein eigenes Verhältnis zur geistigen Welt finden müssen. Und Wissen, Erkennen wird in einer ganz anderen Weise wertvoll werden.

Sehen Sie, dasjenige, was in den Bibliotheken der alten Mysterien war, waren mehr Denkmäler, wo aufgezeichnet wurde, was in die Erinnerung aller übergehen sollte. Mit unseren Büchern lässt sich das, was da Bibliothek war, gar nicht vergleichen. Denn alle Mysterienführer haben ihre Zöglinge auf eine andere Lektüre hingewiesen. Sie haben gesagt: «Ja, es gibt eine Bibliothek» – man hat es nur nicht so genannt –, «diese Bibliothek sind die Menschen, die draußen herumlaufen. An denen lernt lesen! Lernt lesen die Geheimnisse, die in jedem Menschen eingezeichnet sind.»

Dazu müssen wir wieder kommen. Wir müssen nur gewissermaßen von einer anderen Seite dazu kommen, so dazu kommen, dass wir als Erzieher wissen: Alles Wissen, alle Erkenntnis hat als Aufstapelung keinen Wert. Da ist es tot und bekommt sein Leben nur vom Drachen. Wir aber müssen, indem wir überhaupt «wissen» wollen, die Empfindung haben, dass dieses Wissen etwas ist, was nicht da und dort aufgestapelt werden kann, weil es gleich auseinanderfließen würde. Wir müssen lernen, dass dasjenige, was Geist ist, in der Literatur eigentlich nur angedeutet werden kann.

Wie können Sie in einem Buch das wirklich umfasst haben, was Geist ist? Denn das Geistige ist ein Lebendiges. Das Geistige gleicht nicht den Knochen, das Geistige gleicht dem Blut. Und das Blut braucht Gefäße, in denen es rinnt. Was wir als Geistiges erkennen, braucht Gefäße, und diese Gefäße sind die heranwachsenden Menschen: Da müssen wir es hineingießen, damit es überhaupt zusammenhält, sonst müssen wir den Geist als etwas haben, was so lebendig ist, dass es rinnt. Wir müssen alle unsere Erkenntnisse so bewahren, dass sie in den sich entwickelnden Menschen rinnen können.

Dann werden wir Michael das Fahrzeug zimmern, dann werden wir die Genossen des Michael werden können. Und dasjenige, was Sie wollen, meine lieben Freunde, das werden Sie am besten dadurch erreichen, dass Sie sich bewusst werden: Sie wollen Genossen des Michael werden. Sie müssen wiederum dazu kommen, einem rein geistigen Wesen folgen zu können, das nicht auf der Erde verkörpert ist. Und Sie werden lernen müssen, an einen Menschen da-

Denn das Geistige ist ein Lebendiges. Das Geistige gleicht nicht den Knochen, das Geistige gleicht dem Blut. Und das Blut braucht Gefäße, in denen es rinnt ... und diese Gefäße sind die heranwachsenden Menschen: Da müssen wir es hineingießen ... Wir müssen alle unsere Erkenntnisse so bewahren, dass sie in den sich entwickelnden Menschen rinnen können.

durch zu glauben, dass er Ihnen den Weg zu dem Michael vermittelt.

Die Menschheit muss in einer neuen, lebendigen Weise das Christuswort verstehen: «Mein Reich ist nicht von dieser Welt.» Dadurch ist es nämlich erst recht *in* dieser Welt. Denn der Mensch ist dazu da, dass er den Geist, der nicht ohne ihn in dieser Welt ist, zu einem Inhalt dieser Welt macht. Der Christus ist selber auf die Erde gekommen. Er hat nicht den Menschen zu einem außerirdischen Leben in den Himmel genommen, sondern der Mensch muss sein irdisches Leben mit einer Geistigkeit durchdringen, die dem Menschen wiederum die Möglichkeit gibt, den Drachen zu besiegen.

Und so etwas muss man so gründlich verstehen, dass man selbst die Konsequenz ziehen kann: Warum haben sich denn die Menschen im zweiten Jahrzehnt des 20. Jahrhunderts zerfleischt? Sie haben sich zerfleischt, weil sie den Kampf auf ein Gebiet getragen haben, wo er nicht hingehört, weil sie den eigentlichen Feind, den Drachen, nicht gesehen haben. Zu seiner Besiegung gehören die Kräfte, die dann, wenn sie in der richtigen Weise erst entwickelt werden, auf die Erde den Frieden bringen werden.

Kurz, wir müssen das Einziehen in das Michaelszeitalter ernst nehmen. Erst wenn mit den Mitteln der Gegenwart erreicht wird, dass den Menschen wiederum das Bild des vom Lichtglanz umflossenen, starken Michael umschwebt, der den die Menschheit aussaugenden Drachen durch die Kraft des zu lebendigem Seelenleben sich entwickelnden Menschen zu besiegen vermag, erst wenn man dieses Bild viel lebendiger, als man es früher vor Augen hatte, in seine Seele wieder aufnehmen kann, werden einem die Kräfte kommen, innere Regsamkeit zu entwickeln, weil man sich in der Genossenschaft des Michael weiß.

Dann erst wird man teilnehmen an allem, was unseren Fortschritt weiterführen kann, was die Generationen zum Frieden bringen kann, was die Jugend dahin bringen kann, dass sie auf das Alter hinhört, was die Alten dazu bringen kann, dass sie etwas zu sagen haben, was die Jugend wissen und aufnehmen will.

Weil das Alter der Jugend den Drachen entgegengehalten hat, floh sie in luftarme Gegenden. Erst wenn ihr nicht der Drache entgegengehalten wird, sondern dasjenige gefunden werden kann, was ihn aus der Kraft des Michael austilgt, dann wird eine echte Jugendbewegung ihr echtes Ziel erreichen, dasjenige Ziel, das ich eben gezeigt habe und das sich dadurch zeigen wird, dass die Generationen sich etwas zu sagen haben und dass die Generationen etwas voneinander aufzunehmen haben.

Denn in Wahrheit nimmt der Erzieher, wenn er nur ein ganzer Mensch ist, vom Kind ebenso viel für sich, als er dem Kind gibt. Derjenige, der nicht von dem Kind lernen kann, was es ihm als Botschaft aus der geistigen Welt herunterbringt, kann einem Kind auch nichts über die Ge-

Denn in Wahrheit nimmt der Erzieher, wenn er nur ein ganzer Mensch ist, vom Kind ebenso viel für sich, als er dem Kind gibt. Derjenige, der nicht von dem Kind lernen kann, was es ihm als Botschaft aus der geistigen Welt herunterbringt, kann einem Kind auch nichts über die Geheimnisse des Erdendaseins beibringen. Nur wenn das Kind unser Erzieher wird, indem es Botschaften aus der geistigen Welt herunterbringt, wird sich das Kind auch bereitfinden, die Botschaften, die wir ihm aus dem Erdenleben entgegenbringen, entgegenzunehmen.

Goethe hat nicht um eines bloßen Symbols willen überall nach Dingen gesucht, die so sind wie etwa das Atmen –

heimnisse des Erdendaseins beibringen. Nur wenn das Kind unser Erzieher wird, indem es Botschaften aus der geistigen Welt herunterbringt, wird sich das Kind auch bereit finden, die Botschaften, die wir ihm aus dem Erdenleben entgegenbringen, entgegenzunehmen.

Ausatmen, Einatmen, Ausatmen, Einatmen –, sondern das ganze Menschenleben sah Goethe in dem Bild des Nehmens und Gebens. Jeder gibt und jeder nimmt, jeder Gebende wird ein Nehmender. Aber dass das Nehmen und das Geben zu einem richtigen Rhythmus komme, dazu ist notwendig, dass wir in das Michaelzeitalter eintreten.

So möchte ich mit diesem Bild schließen, damit Sie sehen, wie eigentlich die vorhergehenden Betrachtungen gemeint waren. Sie waren so gemeint, dass Sie nicht dasjenige, was ich hier ausgesprochen habe, in Ihren Köpfen davontragen und darüber nur nachdenken, sondern dasjenige, was ich wünsche, ist, dass Sie etwas *in Ihren Herzen* haben und dass Sie dasjenige, was Sie in Ihren Herzen tragen, in Wirksamkeit umsetzen.

Was der Mensch im Kopf trägt, verliert er unterwegs. Aber was er in das Herz aufnimmt, das bewahrt das Herz in allen Wirkungskreisen, in die der Mensch hineinversetzt werden wird.

Wenn es möglich ist, dass dasjenige, was ich zu Ihnen habe sagen dürfen, von Ihnen nicht bloß mit den Köpfen weggetragen wird – denn da würde es sicher sehr bald verloren sein –, wenn es hinweggetragen wird mit Ihrem Herzen, mit Ihrem ganzen Menschen, dann, meine lieben Freunde, haben wir hier in der richtigen Weise miteinander gesprochen.

Und von diesem Gesichtspunkt, aus diesem Gefühl, aus dieser Empfindung heraus möchte ich Ihren Herzen heute den Abschiedsgruß sagen, indem ich Ihnen zurufe: Nehmen Sie dasjenige, was ich in Worten auszusprechen versuchte, so hin, als ob ich vorzugsweise zu Ihren Herzen etwas hätte dringen lassen wollen, was nicht in Worten ausgesprochen werden kann. Wenn sich die Herzen zusammengefunden haben mit demjenigen, was hier als Geist gemeint ist, wenn sie sich auch nur ein bisschen zusammengefunden haben mit dem, was hier als lebendiger Geist gemeint ist, dann ist wenigstens zu einem Teil erfüllt, was wir erreichen wollten, als wir zu diesen Zusammenkünften zusammengetreten sind.

Mit diesem Gefühl wollen wir heute auseinandergehen, mit diesem Gefühl wollen wir aber auch zusammenbleiben. So werden wir den Zusammenhang im Geist finden, wenn wir auch auf den verschiedensten Gebieten des Lebens einzeln wirken. Die Hauptsache wird sein, dass wir uns in unseren Herzen gefunden haben. Dann wird auch das Geistige, das Michaelhafte in unsere Herzen einfließen.

Anhang

Handschriftliche Notizen Rudolf Steiners zu den Vorträgen[1]

11. Okt. 1922

1.) Es muss der *Wille* angefeuert werden.

Der hat unter dem bloßen Naturbetrachten gelitten.

Es muss *Schönheit geliebt* werden.

Gefallen und Missfallen.

Wie kann in dem Begriff (der Idee) wieder der Geist gefunden werden?

Treu und Glauben zur Nachahmung.

Wann kommt die große Frage nach dem «Ich»?

Im Reich des Natürlichen ist mit dem Verstand nur das Vergangene zu erreichen.

· Da muss der «Mensch» eintreten.

Zwischen $7 + 2\frac{1}{3} = 9\frac{1}{3}$ und $21 - 2\frac{1}{3} = 18\frac{2}{3}$: Da liegt die schwere Zeit.

· Da muss die Jugend lernen, an das Alter zu glauben.

Und da gibt es nur die *Schönheit*, die den Glauben vermittelt.

· Es war das Aufschauen zu den Alten:

«Sie haben die Ideen.»

· Nun muss es sein:

«Sie haben das Schöne!!»

---

1 Vgl. *Beiträge zur Rudolf Steiner Gesamtausgabe* Heft 69/70, Ostern 1980, S. 33-37.

Grammatik
Dialektik
Rhetorik
Arithmetik   Die Begriffe waren lebend.
Geometrie
Astronomie
Musik

Man lernte, was er *kann*.
Man erwarb sich die Möglichkeit, die Vierheit zu lehren, indem man zuerst die Jugend an das eigene Können heranbrachte.

*   *
*

13. Okt. 1922

1.) Die intellektuell wissenschaftliche Erziehung hat das ganze Zeitalter ergriffen.
Und so ist verloren gegangen jede andere Auffassung: die künstlerische und religiöse.
Es ist zur *Unwahrheit* geworden.
Als *Erziehung* der Menschheit: den Menschen losgerissen von seiner Verbindung mit den *drei Welten*.
Die Verbindung mit der Natur ist vor dem 19. Jahr nicht vorhanden.

a.) Der *Mensch* erscheint dem Menschen.

b.) Die *Seele* (mit den entsprechenden Geistern) mit dem Geist, der in der Kunst wirkt.

c.) Der *Geist* mit dem *Geist*, der in den aufeinanderfolgenden Erdenleben wirkt.

A. Man glaubt als kleines Kind dem Erdenmenschen.

B. Man glaubt dem Menschen, der ein Diplom durch seine Seele mitbringt.

C. Man glaubt dem Menschen, der etwas in sich hat aus vorigem Leben.

* * *

15. Okt. 1922

1.) *Erziehung*

Das Kind im volksschulmässigen Alter erziehen: Es heißt, hinstellen seelische Erlebnisse so, dass sie von dem *Kind* empfangen werden.

Was gibt der Erzieher? Er macht das Tote seiner Generation *lebendig.*

- Kind: Die schaffende Weisheit. Es ist, was von ihm ausgeht, wie die *Einatmung*, die ertötende.
- Lehrer: Es ist, was von ihm ausgeht, wie die *Ausatmung,* die belebende.

143

Antipathie – Denken: offenbar
         Wille: verborgen
Sympathie – Wille: offenbar
         Denken: verborgen

- Nur muss der Lehrer so wirken, dass er die Antipathie besiegt, das heißt die Kinder an die Dinge heranbringt.
- Nur derjenige Gedanke kann seelisch erlebt werden, der selbst ausgebildet ist.

- Das Kind ist aber nicht stark genug, seine Gedanken selbst auszubilden.
- Der Lehrer, der bildhaft wirkt, lässt den Gedanken so entstehen, dass er durch das Kind selbst entsteht – durch den Umstand, dass ihn der Lehrer hat.

Naturgeschehen verstehen = sich vor der Finsternis nicht fürchten;
Moralgeschehen verstehen = im Licht nicht ohnmächtig werden.

Licht – nimmt den Astralleib und das Ich nicht auf.

- Natur verstehen: Ich vernichte mich, das frisst mich auf.
  – Den Drachen wahrnehmen, der den Menschen verschlingt.
- Geist verstehen: Ich schaffe mich, das töte ich.
  – Den Drachen töten.

Ausziehen, den Drachen zu töten:
Nicht irgendwo hingehen, wo kein Drache ist, weil die
Alten einen nur zum Drachen führen. Sonst wird man in
seiner Ausatmung ersticken. Man braucht seinen Lebens-
inhalt.

Es war der Drache belebt worden an der Außenwelt:
Und so muss er getötet werden: Besiegung der Materie.

Für eine leichtere Lesbarkeit sind folgende **Wortersetzungen** vorgenommen worden (im Text durch ° gekennzeichnet):

Anlauf°	*ersetzt*	Anhub
bedeutsamen°		signifikanten
offenbart°		manifestiert
unserer° Zeitrechnung		dem Mysterium von Golgotha
voraussetzen°		antizipieren
zeigen°		manifestieren

Die Vorträge Rudolf Steiners

Rudolf Steiner hat einige Tausend Vorträge, zahlreiche von ihnen öffentlich, vor den unterschiedlichsten Menschengruppen gehalten. Sie waren nicht für den Druck bestimmt, aber viele Menschen wollten seine Vorträge auch lesen. Dazu schreibt er in *Mein Lebensgang* (Kap. XXXV): «*Es wird eben nur hingenommen werden müssen, daß in den von mir nicht nachgesehenen Vorlagen sich Fehlerhaftes findet.*»

In einer Zeit ohne Tonbandgeräte war der Weg vom gesprochenen Wort zum gedruckten Buchstaben nicht einfach. Verschiedene Zuhörer haben mit unterschiedlicher Geschicklichkeit stenografiert, dann das Stenogramm in Klartext übertragen und unter Umständen redigiert. So heißt es zum Beispiel in GA 137 (HDD 2004, S. 233): «*Diese Ausgabe basierte auf der stenographischen Mitschrift von Franz Seiler, Berlin, welche im Auftrag Marie Steiner-von Sivers für den Druck korrigiert bzw. bearbeitet worden ist von Adolf Arenson.*» Eine solche Bearbeitung enthält zuweilen auch Erläuterungen oder Ergänzungen, die nicht von Steiner stammen.

Heute, ein Jahrhundert später, ist Rudolf Steiner zur historischen Figur geworden. Für viele Menschen ist nicht mehr wichtig oder maßgebend, was er in Bezug auf seine Vorträge während seines Lebens verfügt hat oder auch hinnehmen musste. Heute geht es darum, die «Quellenlage» zu erforschen und die vorhandenen Unterlagen interessierten Menschen zugänglich zu machen.

Alle redaktionellen Entscheidungen in dieser Ausgabe sind mit der Überzeugung getroffen worden, dass alle Menschen auf der Welt das Recht haben, alle Unterlagen zu prüfen, die dem Redakteur zur Verfügung standen. Es ist keineswegs zufällig, sondern es gehört vielleicht zum wichtigsten Karma der Menschheit, welche Nachschriften der Vorträge Rudolf Steiners erhalten geblieben sind. Nicht wenige Menschen sind heute daran interessiert, möglichst genau zu erfahren, was Rudolf Steiner gesagt hat. Sie möchten daher wissen, welche von den vorhandenen Unterlagen dem von Rudolf Steiner gesprochenen Wort am nächsten stehen. Um dies zu ermitteln, sind eine gewissenhafte Prüfung der Unterlagen und eine Vertrautheit mit Steiners Denk- und Sprechweise erforderlich.

Der Archiati Verlag ist bestrebt, einerseits so nah wie möglich an das von Rudolf Steiner Gesprochene heranzukommen und andererseits seine Geisteswissenschaft allen Menschen zugänglich zu machen, da es in ihrer Natur liegt, zum unmittelbaren Leben zu werden. Für das Erste sind die Original-Klartextübertragungen wichtig, für das Zweite sind unter anderem die Wahl der Texte und die Art der Redaktion, aber auch die Gestaltung und nicht zuletzt der Preis maßgebend.

Wie man wissenschaftliche Genauigkeit mit allgemeiner Zugänglichkeit verbinden kann, zeigt sich am Beispiel von Wörtern, die heute ungebräuchlich sind oder eine andere Bedeutung angenommen haben. Sie werden durch ein allgemein verständliches Wort ersetzt und mit einem hochgestellten kleinen Kreis (°) kenntlich gemacht – zum Beispiel beziehungsweise° für respektive, Klammer° für Parenthese, Westen° für Okzident. Am Ende des Textes findet der Leser die Liste der ersetzten Worte. Fremd- oder schwer verständliche Wörter werden zuweilen auch in Klammern «übersetzt». Der gebildete, über die Verbreitung einer modernen Geisteswissenschaft sich freuende Leser wird es begrüßen, dass solche Texte auf diese Weise möglichst vielen Menschen zugänglich gemacht werden.

Als Rudolf Steiner die Theosophische Gesellschaft verlassen musste, gab er die Anweisung, dass in seinen Vorträgen «Theosophie» und «theosophisch» durch «Anthroposophie» und «anthroposophisch» ersetzt werden. Es könnte jemand die Meinung vertreten, dass das eine Fälschung sei. Für Rudolf Steiner ist aber Geisteswissenschaft vor allem *Leben,* und um dem Leben zu dienen muss man in Bezug auf die Terminologie beweglich bleiben. Immer wieder betonte er, dass die Terminologie reines Mittel zum Zweck ist.

Fachausdrücke der Geisteswissenschaft

Mensch- und Erdentwicklung

7 planetarische Zustände der Erde:	1. Saturn-, 2. Sonnen-, 3. Mond-Erde, 4. Erde (jetziger Planet), 5. Jupiter-, 6. Venus-, 7. Vulkan-Erde
7 geologische Epochen der jetzigen Erde:	1. Polarische, 2. hyperboräische, 3. lemurische Erdepoche 4. atlantische Erdepoche 5. nachatlantische (die jetzige), 6., 7. Erdepoche
7 Kulturperioden der «nachatlantischen» Zeit (je 2160 Jahre):	1. Indische, 2. persische, 3. ägypt.-chaldäische Kulturper. 4. griech.-römische Kulturperiode (747 v.–1413 n.Chr.); 5. unsere Kulturper. (1413–3573 n.Chr.), 6., 7. Kulturper.

Das Wesen des Menschen

3 Körper-Hüllen:	1. Physischer Körper 2. Ätherischer Körper, Ätherleib, Bildekräfteleib 3. Astralischer Körper, Astralleib, Empfindungsleib
3 Seelen-Kräfte:	1. Empfindungsseele 2. Gemüts- oder Verstandesseele 3. Bewusstseinsseele
3 Geistes-Glieder:	1. Geistselbst (höheres Ich) 2. Lebensgeist 3. Geistesmensch
Aus 9 wird 7:	1. Physischer Leib, 2. Ätherleib, 3. Astralleib, 4. Ich, 5. Geistselbst, 6. Lebensgeist, 7. Geistesmensch

Dreiheit in Mensch und Welt

Geistige Wesen:	Luzifer	Christus	Ahriman
Evangelium:	Diabolos	Streben nach Gleich- gewicht	Satanas
Geistig:	Spiritualismus		Materialismus
Seelisch:	Schwärmerei		Pedanterie
Physisch:	Entzündung		Sklerose
Moralisch:	hemmend	fördernd	hemmend

Naturelemente

Ätherwelt:	Wärmeäther	Lichtäther	Ton-/Zahlenäther	Lebensäther
Phys. Welt:	Wärme	Luft	Wasser	Erde
Unternatur:	Schwerkraft	Elektrizität	Magnetismus	Atomkraft
Naturgeister:	Salamander	Sylphen	Undinen	Gnomen

Stufen der Einweihung

1. Imagination:	Bilder sehen – in der Akasha-Chronik (Ätherwelt)
2. Inspiration:	Worte hören – in der Seelenwelt (Astralwelt)
3. Intuition:	Wesen erkennen – in der geistigen Welt (Devachan)

149

Rudolf Steiner (1861-1925) hat die moderne Naturwissenschaft durch eine umfassende Wissenschaft des Übersinnlich-Geistigen ergänzt. Seine Geisteswissenschaft oder «Anthroposophie» ist in der heutigen Kultur eine einzigartige Herausforderung zur Überwindung des Materialismus, dieser leidvollen Sackgasse der Menschheitsentwicklung.

Steiners Geisteswissenschaft ist keine bloße Theorie. Ihre Fruchtbarkeit zeigt sie vor allem in der Erneuerung der verschiedenen Bereiche des Lebens: der Erziehung, der Medizin, der Kunst, der Religion, der Landwirtschaft, bis hin zu einer gesunden Dreigliederung des ganzen sozialen Organismus, in der Kultur, Rechtsleben und Wirtschaft genügend unabhängig voneinander gestaltet werden und sich gerade dadurch gegenseitig fördern können.

Von der etablierten Kultur ist Rudolf Steiner bis heute im Wesentlichen unberücksichtigt geblieben. Dies vielleicht deshalb, weil seine Geisteswissenschaft jeden Menschen, der sie ernst nimmt, früher oder später vor die Wahl zwischen Macht und Menschlichkeit, zwischen Geld und Geist stellt. Gerade in dieser Wahl liegt aber jene innere Erfahrung der Freiheit, die jeder Mensch sucht und die der Grundaussage des Christentums zufolge seit zweitausend Jahren allen Menschen möglich ist.

Es liegt in der Natur dieser Geisteswissenschaft, dass sie weder ein Massenphänomen noch eine elitäre Erscheinung sein kann: Einerseits kann sie nur der einzelne Mensch in seiner Freiheit ergreifen, andererseits kann dieser Einzelne in allen Schichten der Gesellschaft und in allen Völkern und Religionen der Menschheit seine Wurzeln haben.